As origens da ética em
PLATÃO

Dados Internacionais de Catalogação na Publicação (CIP)
(Câmara Brasileira do Livro, SP, Brasil)

Paviani, Jayme
  As origens da ética em Platão / Jayme Paviani. –
Petrópolis, RJ : Vozes, 2013.

  Bibliografia
  ISBN 978-85-326-4491-6

  1. Ética 2. Filosofia antiga 3. Justiça
4. Moral 5. Platão I. Título.

12-14765   CDD-184

Índices para catálogo sistemático:
    1. Filosofia : História   184

As origens
da ética em
PLATÃO

Jayme
Paviani

EDITORA
VOZES
Petrópolis

© 2013, Editora Vozes Ltda.
Rua Frei Luís, 100
25689-900 Petrópolis, RJ
Internet: http://www.vozes.com.br
Brasil

Todos os direitos reservados. Nenhuma parte desta obra poderá ser reproduzida ou transmitida por qualquer forma e/ou quaisquer meios (eletrônico ou mecânico, incluindo fotocópia e gravação) ou arquivada em qualquer sistema ou banco de dados sem permissão escrita da editora.

Diretor editorial
Frei Antônio Moser

Editores
Aline dos Santos Carneiro
José Maria da Silva
Lídio Peretti
Marilac Loraine Oleniki

Secretário executivo
João Batista Kreuch

Editoração: Rachel Fernandes
Projeto gráfico: Victor Mauricio Bello
Capa: Sérgio Cabral

ISBN 978-85-326-4491-6

Editado conforme o novo acordo ortográfico.

Este livro foi composto e impresso pela Editora Vozes Ltda.

Sumário

Apresentação, 7

1 As origens da ética em Platão, 17

2 Sobre o conceito de virtude, 35

3 A ideia de bem, 55

4 A ideia da justiça, 73

5 A formação moral do indivíduo e do cidadão, 89

6 Ética e aprendizagem, 111

7 O mistério do mal, 133

Apêndice – A função pedagógica da ética em Aristóteles, 143

A origem dos textos, 161

Referências, 163

Apresentação

Os textos aqui reunidos resultam de ensaios sobre a ética de Platão que, sem dúvida, é um dos filósofos e escritores mais lidos da história da humanidade. Entretanto, isso não torna a tarefa de lê-lo e estudá-lo mais fácil ou acessível. Ao contrário, já se escreveu muito sobre ele, e múltiplas interpretações são oferecidas em sua recepção. O mais recomendável é retornar aos seus textos originais ou bem-traduzidos, e lê-los a partir de sua gênese tendo presente o contexto social e histórico dessas obras. Um clássico exige ser lido como um escrito vivo; por isso, é necessário dialogar com o texto original, enfrentar os desafios de entendimento que variam conforme os questionamentos ou os pressupostos de leitura. Sabemos que a filosofia de Platão não é o único legado da Grécia Antiga, porém, é um dos mais importantes. Os gregos valorizaram o diálogo, a retórica e a democracia. É no centro dessa experiência que surge a ética de Platão como um traço fundamental de seu pensamento. Poder-se-ia dizer que a relevância da escolha moral e política está perfeitamente ilustrada com o mito de Prometeu e de Epimeteu no *Protágoras,* em que o pudor e a justiça são os dons dados a cada homem, para poder sobreviver politicamente e permitir ao indivíduo e ao cidadão buscar a felicidade própria e da cidade. Portanto, a gênese da ética encontra em Platão a primeira tentativa histórica de sistematização, embora ele nunca a tenha reduzido a uma disciplina escolar ou a uma questão específica.

Existem poucos estudos entre nós sobre as origens da ética em Platão. Ao mencionar as grandes teorias éticas quase sempre se começa com a de Aristóteles, ignorando que a filosofia platônica é dimensionada profundamente por um pensamento ético e epistemológico. A ética de Platão, com raízes na sociedade grega e na postura dos sofistas, encontra-se diluída em seus numerosos diálogos, desde o *Menon* e o *Protágoras* até o *Timeu*, o *Filebo*, as *Leis*, passando por *A república*. Por isso é difícil organizá-la como um corpo coerente e isolado de uma teoria ou disciplina. Já a ética de Aristóteles apresenta-se de forma mais sistemática no texto *Ética a Nicômaco*, na *Ética Eudemia* e na *Magna Moralia*. Embora as virtudes do bem como justiça, amizade, coragem, moderação, entre outras, serem temas comuns em Platão e Aristóteles, o tratamento filosófico dado a elas é diferente. Em vista disso, o mais prudente é ler os dois filósofos a partir de um único projeto ético-metafísico e não, simplesmente, elencar suas diferenças.

O conjunto desses ensaios tem caráter introdutório. Definitivamente um estudo mais completo da ética de Platão exige aprofundamento de conhecimentos técnicos sobre os textos e uma maturação. Portanto, aqui, pretende-se mostrar que os diálogos de Platão, desde os primeiros até os últimos, o *Timeu* e as *Leis*, estão dimensionados por uma reflexão ética. A filosofia de Platão articula um conjunto de conceitos éticos que, reunidos e avaliados criticamente, dão origem a uma teoria ética. Mas, para chegar a essa conclusão, é necessário uma leitura rigorosa de toda obra de Platão e, especialmente, dos diálogos *Menon, Laques* e *Protágoras*, das páginas de *A república* e, ainda, de *Político, Filebo, Timeu* e *Leis.* Na recepção platônica da tradição os historiadores da filosofia geralmente selecionam os textos que lhes servirão de referências. Desse modo, diante das inúmeras recepções críticas ou doutrinárias de Platão e das múltiplas interpretações de seus textos, o caminho que resta é o da leitura dos diálogos para obter novas respostas às velhas questões éticas. Esses ensaios não têm a pretensão de ser um exame completo da questão. Limitam-se a examinar alguns conceitos considerados básicos. Assim, os conceitos de virtude, de bem e de justiça, acrescidos de outras abordagens, como os da educação moral e das relações entre ética e alma, e ética e aprendizagem, são propostos como abertura para investigações mais específicas e introdutórias de problemas morais relevantes na vida do indivíduo e do cidadão.

Algumas informações sobre a vida de Platão, embora se saiba pouco, são úteis para ilustrar e, talvez, entender sua preocupação com as condutas morais. Ele nasceu em 428 ou 427 a.C. Desde criança vivenciou a guerra do Peloponeso e uma Atenas devastada pela peste. De uma família de aristocratas, chegou à filosofia pela política que lhe trouxe inúmeras decepções. A maior de todas, sem dúvida, foi, no período da democracia, a condenação de Sócrates pela acusação de impiedade e de corromper os jovens. Ainda na juventude, como narra na *Carta Sétima*, sentiu-se desiludido pela corrupção na administração pública. Todavia, a influência de Sócrates lhe foi marcante não pelo fato de ser um professor ou político, mas por ser uma presença moral, um crítico dos sofistas. Por isso, Platão, que conhecia o pensamento e a retórica dos sofistas, aperfeiçoou o método dialético herdado pelos antigos e desenvolvido a partir do diálogo socrático, dando ênfase à linguagem oral, além de realizar novas investigações e articulações em relação aos temas dos pré-socráticos como Heráclito, Parmênides, Pitágoras e outros. Também é necessário recordar a experiência de fundação da Academia e, a partir dos anos de maturidade, as viagens à Sicília com seus repetidos fracassos e a concomitante elaboração de suas grandes obras filosóficas. Platão faleceu, aos oitenta anos de idade, no ano 347 ou 346 a.c.

Conservam-se todas as obras de Platão e também algumas a ele atribuídas. A ordem de seus escritos já foi longamente debatida por especialistas que usam diversos critérios, entre os quais a estilometria, para classificá-los. Em todo caso, atualmente existe certa unanimidade sobre os diálogos escritos na juventude, na maturidade e na velhice. Entre os diálogos ditos socráticos e situados depois da primeira viagem à Sicília, para o estudo da ética platônica, interessam especialmente *Apologia de Sócrates*, *Menon*, *Laques*, *Protágoras* e *Górgias*. Dos diálogos intermediários ou ditos metafísicos, os destaques, para os estudos éticos, centralizam-se no *Banquete* e em *A república*. Finalmente, entre os últimos diálogos, devem-se mencionar *Político*, *Filebo*, *Timeu* e *Leis*. Entretanto, a filosofia de Platão também é apresentada de modo literário, em forma de diálogo, como se cada peça fosse uma espécie de projeto de pesquisa. Toda a obra precisa ser considerada para se ter uma visão objetiva e de conjunto. Assim, por exemplo, não se podem esquecer as páginas da *Carta Sétima*, que constitui mais um manifesto do que um depoimento de caráter pessoal.

Platão devolve a palavra a Sócrates tornando-o personagem central de quase todos os seus diálogos. Combate as ideias dos sofistas, ao mesmo tempo em que reconhece o valor especialmente de Protágoras e de Górgias; deplora os demagogos, a corrupção, os tiranos; e, ao defender o bem, a verdade e a justiça, une de modo radical a ética e a política, e proclama o papel fundamental da educação e da constituição ou da legislação para se construir a cidade ou estado justo. Apesar das lacunas em alguns dos argumentos de Platão, suas contribuições positivas não podem ser ignoradas na formação da cultura ocidental. Estudar sua ética, portanto, mais do que um exercício filosófico, é condição necessária para entender a tradição e os novos rumos da sociedade atual.

Dito isso, esses ensaios procuram esboçar as origens da ética de Platão, destacando ora suas origens, ora sua natureza, com o objetivo de promover a necessidade de rever suas teses e, principalmente, de mostrar como as questões éticas e metafísicas da Antiguidade estão ainda em conexão com os problemas morais de nossa época. Não se lê Platão por erudição teórica nem por conveniência profissional, mas para compreender criticamente o que somos e como agimos como seres humanos e cidadãos. Fica a consciência de que os textos platônicos exigem rigor de análise e reatualização permanente de suas questões filosóficas e morais.

O estudo de um clássico pode ser feito, no mínimo, com dois objetivos. O primeiro: reconstruir o texto e seu significado, a partir do horizonte histórico do autor, para entendê-lo da melhor forma possível. O segundo: examinar as contribuições do autor na história da civilização e, em especial, nos dias atuais. Esse segundo objetivo se dá via a recepção do

Apresentação **11**

sentido do texto hoje. Entretanto, esses dois objetivos, para se efetivarem realmente, precisam ser buscados em conjunto, embora se possa dar ênfase ora a um, ora a outro. De um modo próprio, o segundo objetivo precisa do primeiro, pois, sem uma leitura de uma edição crítica, sem os comentários técnicos indispensáveis, é quase impossível penetrar nas tramas da escrita, isto é, do estilo, da gênese dos conceitos e enunciados do autor.

Se o dito acima é importante para qualquer texto, isso vale especialmente para os diálogos de Platão, os quais se apresentam numa linguagem que assume a forma literária muito mais do que a exposição sistemática dos assuntos. Cada tema neles tende a centralizar-se e a chamar a atenção sobre si, ou articular os demais conceitos em benefício próprio. Daí a dificuldade de examinar, no pensamento de Platão, qualquer questão filosófica, pois ela se encontra, em determinados momentos, mais ou menos diluída em diversos textos.

Uma das dificuldades específicas consiste em entender as contribuições de Platão, tendo presente os grandes horizontes históricos em que surge e se desenvolve seu pensamento, e os percursos históricos de superação e transformações que o conduzem até os dias atuais. Em outros termos, deseja-se saber quanto desse pensamento, enraizado num período da história, encontra-se atualmente vigente ou superado. Enfim, quanto é pensamento vivo e quanto é apenas erudição.

Diante disso, alguns elementos ou horizontes de confronto entre as épocas de Platão e a nossa oferecem pistas para situar e entender suas contribuições éticas. Podem-se enumerar, como exemplo, algumas dessas características:

12 *As origens da ética em Platão*

• Temos hoje uma concepção pluralista da vida e da sociedade e, em consequência, vivemos grandes visões morais do homem e do mundo. Atualmente, a filosofia, a ciência, a arte e até as religiões esfacelam-se em diferentes teorias, às vezes contraditórias. A ética de Platão representa uma concepção moral unitária que reflete um mundo hierárquico e harmonioso. Sua visão ética é sustentada por uma visão cosmológica, por uma ordem de mundo que funciona como modelo ou ideal de padrão ético.

• Depois da moral inspirada na teologia, em especial na Idade Média, e da moral do dever moldada no pensamento cristão, a contemporaneidade oferece um leque de teorias éticas, desde aquelas que propõem o diálogo, a responsabilidade e a autenticidade como ponto de referência, até aquelas que defendem o reconhecimento e o cuidado com o Outro, que reconhecem a finitude humana e os graves problemas ecológicos que ameaçam a Terra e a humanidade. A ética de Platão, de caráter aristocrático, diferentemente das éticas contemporâneas, busca a virtude ou a excelência como meta prioritária e de aperfeiçoamento do humano.

• A ética das virtudes de Platão parte de uma visão metafísica e, apesar de algumas contribuições pontuais e gerais, não encontra lugar no mundo fragmentado de hoje. A oposição entre metafísica e pós-metafísica, ou pós-modernidade, emoldura de maneiras distintas a ética da Antiguidade e as teorias éticas atuais.

• A ética das virtudes de Platão, tendo como princípio o bem, o justo e o injusto, não se define em relação aos conceitos de liberdade, autonomia e vontade. Para os antigos,

Apresentação **13**

os bons e os maus existem por natureza e, por isso, o dualismo entre o justo e o injusto é causa de distinção entre os cidadãos e justifica a hierarquia e os tipos de governo.

• A justiça para Platão consiste em seguir a natureza, a ordem do cosmos. A tripartição da alma (racional, emocional e apetitiva), do corpo (cabeça, diafragma e baixo-ventre) e da cidade (governo, militares, artesãos e agricultores) segue o ordenamento do cosmos e coloca no alto a aristocracia, e, no nível mais baixo, a democracia, pois a justiça pressupõe que cada parte realize suas funções. A hierarquia substitui a igualdade e justifica a concepção racista. A justiça é ordem, e a injustiça, desordem.

• Para Platão, o bem não é dever, responsabilidade, autenticidade, preocupação com o Outro, mas ideia suprema. A virtude não significa esforço, trabalho, dedicação, porém qualidade e excelência, bom desempenho das funções naturais, em especial das pessoas e dos seres (plantas, animais, humanos) mais dotados pela natureza. Nesse sentido, para Platão, cabe à educação aperfeiçoar a natureza.

• Para a ética das virtudes grega o trabalho é destinado ao menos dotado. O abençoado pelas disposições naturais caça, guerreia, comanda e exerce suas faculdades superiores. Daí a escravidão serve para a aristocracia realizar seus objetivos. O conceito de mérito também é inexistente, não se fala em dignidade humana. Os direitos humanos só aparecem com o cristianismo que propõe uma moral universal e com o pensamento iluminista.

• Entre as questões básicas, que merecem a atenção especial, encontra-se em Platão a relação entre virtude e conhecimento. Esse modo de proceder não se encontra em

14   *As origens da ética em Platão*

Kant que dissocia saber e moral. Kant também distingue entre razão teórica e razão prática, distinção semelhante também feita por Aristóteles.

• Para Platão a conexão entre moral e lei sublinha a relevância das condutas morais. Em *A república* ele afirma que o melhor governo é o dos homens bons e não apenas das boas leis. Platão insiste nas condutas humanas e na superação dos impulsos imorais, tanto dos melhores governos quanto da coletividade.

• As considerações éticas de Platão são apresentadas em proposições de caráter bastante geral. Elas argumentam a partir de princípios metafísicos e, devido a isso, são feitas grandes afirmações que permanecem dogmáticas ou obscuras quando se procura decompô-las. Já em Aristóteles as proposições de sua ética são mais analíticas. As relações entre virtude, natureza, caráter, hábito, ação, felicidade, e outros conceitos, encontram-se melhor entrelaçados, apesar de nem sempre mais claros ou menos ambíguos. As diferenças entre os dois filósofos da Antiguidade são de estilo e de método.

Em síntese, é preciso ter um cuidado especial ao ler o texto de Platão, pois os termos usados por ele não são os mesmos empregados na atualidade. O próprio termo *virtude* soa semanticamente diferente dentro das distintas visões de mundo, posturas ideológicas e teóricas. A linguagem é o campo dos tropeços de interpretação. Por isso, é necessário esclarecerem-se, na medida do possível, os objetivos e o contexto social e histórico de cada discurso.

Além disso, as origens da ética das virtudes em Platão não abarca toda a ética grega. O âmbito dessa origem, em

Apresentação **15**

termos históricos, inclui especialmente os estoicos e, antes deles, a ética aristotélica que com sua investigação do bem supremo, da felicidade e da virtude, impõe-se, na história da filosofia, como a primeira sistematização das virtudes, para ele divididas entre morais e intelectuais e, ainda, em distintas, naturais e próprias.

Finalmente, o estudo das origens da ética das virtudes não pode ignorar que na contemporaneidade, a partir do artigo de Anscombre *Modern moral philosophy*, de 1958, e, entre outros, dos estudos de McIntyre, especialmente com a obra *After virtue*, de 1981, a ética da virtude assume distintas perspectivas e ganha um novo impulso frente às éticas da obrigação e do dever kantianas e utilitaristas da Modernidade. Subtraídas as distâncias culturais e históricas e as diferenças de enfoque, as contribuições da ética das virtudes presentes hoje, de modo renovado, são de grande relevância social e humana.

Caxias do Sul, julho de 2012.

Jayme Paviani

1

As origens da ética em Platão

A gênese da moral e da ética dilui-se na história humana. São múltiplas suas raízes e vertentes antropológicas. Entretanto, quando se fala em ética, surgem imediatamente os nomes de Aristóteles, Kant, Stuart Mill e Benthan, e de alguns filósofos contemporâneos. Mas, os estudos sistemáticos desses autores não podem ignorar outras contribuições culturais e religiosas da formação histórica das teorias éticas. Na realidade, a filosofia e as suas diversas perspectivas têm profundas raízes na sociedade de cada época, nascem de condições sociais e históricas. É compreensível que as reflexões teóricas busquem na racionalidade sua razão de ser; no entanto, encontram-se razões e motivos, de diferentes ordens, na origem dos sistemas morais. Nesse sentido, antes de Aristóteles e até de Platão, surgem os primeiros esboços teóricos que pensam a moralidade.

É óbvio que a natureza da ética pode ser examinada independentemente de sua gênese, mas igualmente é evidente que as primeiras manifestações éticas dão origem a diversas vertentes. Por isso, examinar as origens da ética consiste em esclarecer o percurso social e histórico dos conceitos de bem ou de mal, de virtude ou de vício, de justiça e de felicidade, enfim, em mostrar como a moralidade, enquanto fato social e cultural, está dimensionada na teoria ética.

Os estudos de ética também não começam apenas em Platão, como se tudo tivesse surgido com seus diálogos. Diversas contribuições míticas, religiosas e teóricas antecedem suas análises dialéticas. Basta ler com atenção seus textos para ter uma ideia de como uma sucessão de noções contribuiu para formar o pensamento platônico.

De outro lado, Platão influenciou marcadamente o pensamento de Aristóteles, embora suas posições, em diversos aspectos, sejam diferentes. Platão soube dialogar com a cultura de sua época, posicionou-se frente aos costumes e às ideias de seu tempo. Por isso um olhar, mesmo superficial, sobre esses horizontes e as expectativas de Platão, pode iluminar suas reflexões e projetar um melhor entendimento do processo que permitiu estabelecer o esboço das primeiras sistematizações teóricas da ética.

Na realidade, as origens da ética perdem-se no começo do pensamento. Quando o homem se põe a pensar, tem início a filosofia e, com ela, a reflexão sobre a moralidade, as condutas, os costumes e as ações humanas. No começo procura-se saber o princípio de tudo, quer-se saber a origem do mundo e do que as coisas são feitas. Com os pré-socráticos, deseja-se saber o que é o ser, o nada, o devir, a matéria, a razão, o movimento. Com Sócrates e os sofistas a atenção volta-se para a ação humana social, moral e política. Embora Aristóteles seja considerado o primeiro sistematizador dos estudos éticos, é com Platão que as questões morais ou éticas recebem uma primeira abordagem de conjunto, teoricamente articulada.

18 *As origens da ética em Platão*

Aqui também se pode recordar que, além das origens gregas da ética, existem as contribuições do pensamento oriental; por exemplo, de Confúcio, formalizador de condutas morais. Outras contribuições são provenientes da China, da Índia e do Japão, embora a teoria ética, no sentido específico, tenha iniciado na Grécia Antiga. O Oriente fornece um pensamento essencialmente ético, destituído de operações cognitivas como definições, classificações, análises, deduções, próprias da racionalidade grega e ocidental. A filosofia de Platão é uma primeira sistematização filosófica da história. Inúmeros temas lógicos, ontológicos, epistemológicos, éticos, estéticos e transversais com as ciências humanas atuais, embora ele não faça essas distinções, tecem o universo de seu pensamento teórico. Jaspers, entre outros, afirmou que em Platão encontram-se quase todos os temas filosóficos e parece que a filosofia nele encontra fim e começo (1963: 286).

Antes de Platão foram postas inúmeras questões filosóficas, éticas e políticas, mas elas chegaram até nós de modo fragmentado. Foi ele que esboçou a primeira teoria ética. É óbvio que as origens da moralidade provêm de mais longe; por exemplo, de Homero e de Hesíodo, mas a reflexão racional, organizada sobre a moralidade, encontra-se nos diálogos platônicos. Além disso, poder-se-ia, igualmente, mencionar a Bíblia, entre os grandes textos da tradição, porém sua influência é posterior à filosofia grega. Assim, no início grego da elaboração teórica, independentemente do conhecimento da mitologia, do pensamento ético dos pré-socráticos, dos autores de tragédias e de comédias e da figura exemplarmente moral de Sócrates, os escritos de Platão demonstram o

As origens da ética em Platão **19**

quanto ele deve aos pitagóricos, a Heráclito, a Parmênides e aos sofistas.

Na tradição, a ética aparece como uma decorrência das posições ontológicas e epistemológicas; portanto, consequência e não ponto de partida. Todos os grandes sistemas filosóficos assim procedem. A filosofia prática situa-se num segundo plano, depois da filosofia teórica. Em vista disso, é fundamental a observação de Lévinas de que em Platão a ética é anterior à ontologia (1977: 31-103). Esse comentário prioriza a ética, todavia vista de modo diferente da ética antiga, pois para Lévinas ela vai além do sentido da *arete* (virtude) e consiste na aceitação do Outro. Desse modo, ele abre uma nova perspectiva na interpretação da filosofia platônica e mostra que, além das origens da ética em Platão, pode-se constatar etapas ou épocas de desenvolvimento das teorias éticas.

Homero e Hesíodo

Os poemas homéricos apresentam a *arete* (virtude) como um valor vital ligado à nobreza do guerreiro pertencente a uma classe social superior e que ao combater os inimigos, expressa honra e não temor da morte. Nesse sentido, as condutas de Aquiles, de Agamenon e de outros heróis obedecem a condutas ou códigos de moral. Ulisses, por exemplo, é um paradigma de virtude pessoal e pública.

Homero na *Ilíada* e na *Odisseia*, ao aproximar os homens e os deuses, mostra as paixões nem sempre lícitas de ambos. Por esse motivo, exige-se dos humanos a prática de normas morais, mas não se exige o mesmo dos deuses imortais. Isso explica as razões de os homens temerem os deuses e sofrerem suas intervenções, embora tanto uns quanto outros tenham amigos e inimigos. Também surgem em Homero os conceitos de justiça e de vontade, caracterizados pelo fato de os homens serem mortais. A virtude do herói aparece no jogo entre a paz e a guerra, e manifesta as qualidades de força, coragem, generosidade, hospitalidade e cortesia.

Certamente os textos homéricos influenciaram Platão e a filosofia grega, e estabeleceram os pressupostos de uma reflexão ética sobre o amor à vida, a nobreza das atividades, o modo de enfrentar a morte, o respeito pelos mortos e outros costumes. Eles estão nas bases de uma moralidade que se aproxima do mundo civilizado e não mais o típico das sociedades primitivas.

Hesíodo em seus poemas *Teogonia* e *Os trabalhos e os dias*, ao falar dos campos, do cultivo da terra e dos deuses, valoriza o trabalho e a justiça. Se no primeiro livro expõe a origem dos deuses e a formação do mundo, no segundo descreve os trabalhos e os lazeres, os costumes, a colheita e as festas do homem simples. Para ele a justiça também é o ideal moral, cabe aos reis distribuí-la. Seus poemas ainda podem ser considerados como um elogio ao trabalho e à justiça divina.

Da mesma forma, não se pode ignorar os trágicos e os temas mitológicos. Colli em *La sabiduria griega* menciona, entre outras, as figuras de Dioniso, Apolo, Eleusis e Orfeu. Os textos de Ésquilo, Sófocles, Eurípides e Aristófanes são fontes indispensáveis para entender a moralidade grega e, portanto, as primeiras reflexões éticas. Sem dúvida, o trágico na obra de arte possui um profundo sentido ético. Problemas como o do destino, da culpa, do conflito entre a ordem divina e as leis humanas são exemplos de conteúdos éticos.

As origens da ética em Platão **21**

A tragédia representa uma herança cultural marcante para a civilização ocidental. Não é possível dedicar-se seriamente ao estudo das ações humanas ignorando os escritos de Ésquilo (524?-456 a.c.), de Sófocles (496?-406 a.c.) e de Eurípides (484-406 a.c.). Apresenta-se na tragédia, segundo Aristóteles na *Poética*, a imitação das ações humanas dignas ou não. Mais do que isso, questiona-se a condição humana. O homem está diante do destino. Seu desafio é encontrar um caminho que o liberte dos conflitos que resultam da culpa de suas ações.

Cenci, ao falar das origens da ética ocidental, mostra que a tragédia grega revela consciência moral. Segundo ele, nesse contexto de homens, heróis e deuses, se sobressai "o contraste entre a fraqueza dos homens e a força e o poder dos deuses" (2010: 15). Daí surge a questão da transgressão dos limites da condição humana e, em consequência, a ação das *moiras* expressa a "consciência moral objetiva" assumindo a função punitiva das instituições sociais "em relação aos indivíduos sempre que transgridem as interdições socialmente estabelecidas" (2010: 16). Por sua vez, a resposta às ameaças dos deuses procura estabelecer a medida ou o equilíbrio entre a ação do indivíduo e as instituições, isto é, entre a subjetividade e a objetividade moral. Enfim, o sentido do homem trágico reside na ambiguidade de sua situação no mundo, nas possibilidades ou impossibilidades de uma ação justa e moderada, na aprendizagem moral diante das forças do destino e da sociedade.

Os pré-socráticos

Os pensadores pré-socráticos preocuparam-se com a origem e a ordem do universo, com o ser e o devir, o logos, a matéria, os princípios de unidade e de multiplicidade e, nessa perspectiva, concebem a vida, o ser humano e o cosmo como uma unidade. Embora sejam considerados filósofos da natureza, suas concepções do cosmos refletem o entendimento da alma e do corpo humano, as leis do comportamento. Nesse sentido, é suficiente observar nos diálogos platônicos os comentários sobre Pitágoras, Parmênides, Heráclito, Anaxágoras e outros.

Platão, como os pré-socráticos, desenvolveu um pensamento voltado para a natureza do cosmos. As questões das relações humanas são vistas na perspectiva da ordem do universo. Se a concepção do homem está integrada às forças cósmicas, isso explica as relações entre a natureza da alma e do comportamento humano. Assim, podemos aprender com os pré-socráticos a natureza das relações entre os humanos e o mundo, embora somente com os sofistas, Sócrates e Platão, essas relações comecem a ser debatidas de modo mais contínuo e sob o enfoque das relações entre o indivíduo e a *polis* (cidade).

Todavia, no dizer de Vlatos, citado por Kik e Raven, somente Demócrito apresenta "a primeira ética rigorosamente naturalista no pensamento grego" (1979: 440). Trata-se de uma ética não hedonista e que foi seguida, mais tarde, por Epicuro e pelos Cínicos. Desse modo, além das contribuições gerais ou indiretas dos primeiros pensadores pré-socráticos, temos as primeiras contribuições específicas sobre as condutas morais dos humanos.

Os sofistas e Sócrates
Sidgwick afirma que é "por meio do ensino de Sócrates que a filosofia moral consegue ocupar a posição central que

As origens da ética em Platão **23**

jamais veio a perder no pensamento grego" (2010: 16). De fato, os conceitos éticos socráticos estabelecem as grandes coordenadas dos estudos posteriores de Platão, de Aristóteles e das demais escolas morais antigas. Antes de Sócrates e dos sofistas só encontramos núcleos de conceitos ou manifestações literárias que não têm como objetivo refletir sobre a moral, mas simplesmente expô-la.

Guthrie analisa o surgimento da palavra sofista e afirma que provavelmente eles eram considerados mestres, especialmente no século V a.c., onde escreveram e ensinaram. Protágoras parece ter sido o primeiro a assumir profissionalmente a atividade de sofista. Conforme Platão, Xenofonte, Isócrates e Aristóteles, as atividades de ensino dos sofistas eram remuneradas. Sócrates e Platão ironizam o ensino pago e isso já implica uma questão moral que poderia ser examinada detalhadamente. Aqui, no entanto, é suficiente recordar que os sofistas revolucionaram a moral de Atenas, puseram-se a ensinar e a criticar a moral tradicional. Eles fizeram da moralidade a matéria-prima de suas exposições, embora não tenham transmitido até os nossos dias uma filosofia moral acabada. Sabemos deles, principalmente pelas reflexões de Platão, que invariavelmente combate suas ideias, mesmo quando manifesta um relativo interesse por eles.

Os sofistas desenvolveram o método retórico, sendo que os mais notáveis entre eles são: Protágoras, Górgias, Hípias e Pródico, os quais empregaram técnicas argumentativas. Quanto à posição teórica e prática, os sofistas vivem e debatem a antítese entre *nomos* e *physis* na ética e na política, entre leis humanas e leis divinas, entre lei e natureza. Sobre esse assunto assumiram diferentes posições: uns defendendo

24   *As origens da ética em Platão*

a *nomos*, outros a *phisis*. Todos se referem ao contrato social, à igualdade social e política, à escravidão, ao ensino da virtude, ao relativismo dos valores morais.

Portanto, com os sofistas definem-se as primeiras distinções entre a lei e a natureza. As normas refletem os costumes, a tradição ou as obrigações ditadas pela cidade, pelos governantes. Nesse aspecto, é preciso sublinhar que as leis para os gregos têm íntima relação com as condutas e, por isso, não são meramente proibitivas. Elas têm caráter educativo, fortalecem o comportamento fraco. Protágoras, o mais importante dos sofistas, agnóstico religioso, defende o estado original do homem. No mito de Prometeu demonstra que humanos têm parentesco com os deuses e que a razão é um dom divino. Daí as virtudes morais, *aidos* e *dike*, que permitem a criação da ordem política, da amizade e da união. *Dike* indica senso de justiça e *aidos* senso de vergonha, respeito pelos outros. Sem essas virtudes próprias da natureza humana não é possível formar o homem, educá-lo.

Mas nem todos os sofistas estão de acordo com Protágoras. Há os que são adeptos da *physis*. Para esses defensores dos direitos humanos, o que há de melhor no mundo é obra da natureza. Há os que defendem a necessidade de um contrato social e inauguram a experiência da democracia. E, ainda, os que não aceitam a escravidão, embora Platão e Aristóteles a aceitem na medida em que ela se fundamenta na inferioridade racial. Mas, em linhas gerais, todos os sofistas aceitam o relativismo dos valores.

Protágoras defende o princípio do homem-medida e nega a existência de critérios absolutos para diferenciar o

As origens da ética em Platão **25**

ser do não ser, o verdadeiro do falso: o indivíduo é o critério de todas as coisas. Já para Górgias o critério da verdade não existe. Ele sustenta que não existe o ser, se existisse não seria compreensível e, admitindo que fosse compreensível, não seria comunicável aos outros. Disso decorre que a palavra só é persuasiva e não portadora de verdade. A partir do estudo do significado das palavras, Pródico de Céos propõe uma espécie de ética utilitarista. Hípias e Antífon, adeptos do saber enciclopédico, sublinham a oposição entre lei e natureza.

Sem dúvida, os sofistas criam condições para o surgimento da figura de Sócrates que aparece como um defensor da moral e, ao mesmo tempo, como um subversivo da juventude. Eles elevam o *logos* ao nível de juízo das ações humanas, e Sócrates, no meio deles como um paradoxo, um enigma, desenvolve seu método de indagações, sempre esclarecendo que nada sabe, porém sabendo que nada sabe. Sua presença nas ruas de Atenas e sua ação centralizam a moral na ideia de bem, de virtude como conhecimento e felicidade. A virtude é conhecimento, o vício é ignorância. O homem virtuoso é aquele que conhece a si mesmo.

Para Sócrates, parece que o homem é principalmente alma, e a alma é pensamento, eu consciente, racionalidade. Sua meta é "o conhecimento de si mesmo" entendido primeiramente como "cuidado de si", como diz Platão com muita clareza no *Alcebíades Primeiro*. Portanto, a missão de Sócrates, inspirado pelos deuses, é a de ensinar a todos o cuidado de si e, desse modo, o conhecimento de si. Só quem cuida de si pode cuidar dos outros, e só quem se conhece pode agir moralmente.

Sabemos pouco da vida de Sócrates, de seu comportamento como soldado, marido, com os jovens em geral e com os amigos. Entretanto, tudo que se afirma de sua vida corrobora a ideia de um homem moral, preocupado com a virtude, com a excelência. Em estudos sobre ele, além do testemunho dos antigos, da patrística, da Idade Média e do Renascimento, são as notáveis reflexões de Hegel, Nietzsche e Kierkegaard. Para todos eles, a figura de Sócrates possui uma dimensão moral. Ele não pretende ensinar a virtude, não é professor de ninguém, quer apenas saber o que é a virtude, a beleza, a coragem, a piedade. Usando a ironia e a maiêutica, luta contra a superficialidade. Mas, seu método intelectualista insiste que a virtude é conhecimento, sabedoria. A ideia central de sua ética é o autodomínio, a liberdade interior capaz de dominar a animalidade e levar o indivíduo à verdadeira felicidade. O bem depende de fins, de objetivos, isto é, de conhecimentos para agir bem.

O critério da competência reside no conhecimento e não na sorte. A postura socrática de não violência diante da lei e da organização da cidade é a do homem que deseja, acima de tudo, cumprir o seu dever de cidadão. Por isso é norma sagrada não fugir da responsabilidade. O saber que não se sabe não é o verdadeiro ponto de partida, o verdadeiro processo do conhecimento, o sentido das perguntas. Em outros termos, o motivo do filosofar é a purificação da própria alma, o lugar de origem dos questionamentos. Nisso, Sócrates opõe-se aos sofistas que sabem tudo, que possuem resposta para todas as questões, que pretendem ensinar a virtude. O saber do não saber é a cura e a salvação da alma, como explica Patocka.

As origens da ética em Platão **27**

Nesse sentido, a reforma da cidade depende da reforma moral do indivíduo. Tudo isso justifica a necessidade de viver próximo do bem que traz a felicidade e realiza o fim/a razão da vida humana.

As questões éticas de Platão

A exposição dos conceitos morais de Sócrates já é uma introdução à ética de Platão, pois é difícil separar o que é de Sócrates e o que é de Platão, especialmente na leitura dos primeiros diálogos. Para Sidgwick, a obra de Platão é uma continuação da investigação moral iniciada por Sócrates, e a obra de Aristóteles em ética é "uma reafirmação sistemática dos resultados definidos pouco a pouco e desenvolvidos pela incansável e continuamente renovada pesquisa de Platão" (2010: 17). Essa ligação entre a ética platônica e aristotélica geralmente é ignorada. O principal motivo dessa ausência de conexão entre os dois filósofos encontra-se no modo de examinar as questões.

A ética de Platão está distribuída em diversos diálogos como *Menon, Protágoras, Górgias, Político, A república, Timeu, Filebo, Leis* e outros, sendo necessário elaborar uma visão de conjunto. A ética de Aristóteles, mais sistemática, está quase toda presente na *Ética a Nicômaco*. Além disso, a diferença entre Platão e Aristóteles está nos procedimentos metodológicos. O primeiro examina empregando diversos procedimentos dialéticos, temas e problemas de ética, usando uma linguagem próxima da comum. O segundo, de estilo analítico com um entendimento diverso da dialética, caracteriza-se por apresentar conceitos mais elaborados, definidos e assim mais claros.

A ética platônica caracteriza-se principalmente pelos conceitos de virtude, de bem e de felicidade e, ainda, de prudência, de justiça, de coragem e de moderação postos como condições de moralidade do indivíduo e da cidade. Esses conceitos dependem de um conjunto de outros aspectos; por exemplo, dos modos de existência da alma, das relações dos saberes, da constituição psicológica e social da cidade, das formas de governo, das relações entre a felicidade e os prazeres mistos e puros, e até da organização do cosmos e da sua relação com a alma do mundo. A filosofia platônica destaca em cada diálogo objetivos e matérias de investigação diversas. A dimensão ética quase sempre é explícita nas questões ontológicas, epistemológicas, éticas e estéticas, políticas e pedagógicas.

O objetivo último da filosofia é o acesso à ideia de bem. Nesse sentido, entende o confronto de Platão com os sofistas, com o relativismo de Protágoras e o ceticismo de Górgias. Compreende-se o quanto Platão foi marcado por Sócrates ser condenado à morte pelos democratas, evento que é pano de fundo, horizonte que constitui a moldura das reflexões platônicas. Observa-se igualmente em Platão a influência de Pitágoras e a noção de imortalidade da alma racional. O bem como princípio de toda ordem e beleza no cosmos é objeto de contemplação do filósofo e, nesse sentido, é motivo de inteligibilidade das ideias ou formas e da inseparabilidade da moral e da política.

Sem a noção de bem não existe o bom cidadão nem a Cidade ideal e justa. O bem articula a verdade, a justiça, a beleza e outras formas e, ainda, guia os estudos de matemática, música, ginástica. Por isso, na história da filosofia alguns autores e comentaristas entendem o bem como a causa de tudo, como a disposição que une as coisas. Sem ele não seria possível perceber a ordem do universo e entender o mundo inteligível. Finalmente, dele depende o equilíbrio de todas as virtudes.

O bem é entendido ou contemplado graças aos processos dialéticos, conforme Platão expõe especialmente nos diálogos *Banquete*, *A república* e *Filebo*. Não se chega ao bem por raciocínio hipotético, mas graças à visão dialética. Em *A república*, livro VI, a posição de Platão é clara nesse aspecto. A alegoria da caverna e a metáfora da linha dividida ilustram os aspectos ontológicos e epistemológicos que sustentam sua ética. Mas, a ética platônica não é exposta apenas nos diálogos de *A república* ou *Leis*. Carone em *A cosmologia de Platão e suas dimensões éticas* mostra que nos últimos diálogos, especialmente *Timeu*, *Filebo*, *Político* e *Leis,* Platão desenvolve plenamente "sua teoria da natureza e suas introspecções acerca da relação dos seres humanos com o universo" (2008: 15). Em outros termos, a cosmologia platônica também possui uma dimensão ética. Nessa perspectiva, Platão aprofunda o debate entre lei e natureza. Conforme Carone, muitas dificuldades ou argumentos insatisfatórios que se encontram em *A república* têm uma melhor resposta nesses diálogos da última fase. Os problemas com o governo ideal de difícil concretização e a distância entre a felicidade para muitos ou para poucos da proposta ideal de cidade têm na cosmologia uma resposta. Finalmente o modelo ideal é substituído pelo modelo real, e a educação de poucos é estendida a todos. (2008: 26 e 27). Desse modo a cosmologia aparentemente está longe das questões éticas, torna-se base do conhecimento indispensável para os estudos de Ética.

30 *As origens da ética em Platão*

Carone escreve que "o *Timeu* e o *Filebo* enfatizam o papel do universo como um modelo para o comportamento humano, *Político* e *Leis*, sem descartar essa dimensão, parecem franquear uma nova noção: o universo como palco das ações humanas [...]" (2008: 279). Nesses diálogos o universo é apresentado como uma origem comum de todas as almas, desviando-se, portanto, da visão elitista de *A república*. Assim sendo, nesses escritos estamos longe do *Laques* e do *Protágoras* que debatem se a virtude é uma ou é formada por partes e, igualmente, estamos afastados do *Menon* e de outros diálogos que discutem a possibilidade de ensinar a virtude. As relações entre alma e virtude recebem agora um novo tratamento.

A figura do demiurgo no *Timeu*, apresentado como um deus, é modelo para os seres humanos, isto é, para suas condutas. A posição anti-hedonista em *Filebo* define o lugar do prazer e do conhecimento da vida feliz. Em *Político* o diálogo introduz esse personagem numa perspectiva cosmológica caracterizada por aspectos éticos e políticos. Em *Leis* são novamente revistas as relações entre a alma e o corpo, os humanos são responsabilizados pela origem ou causa do mal, e as relações entre os humanos e o cosmos ganham uma nova dimensão realista e coerente. Diante disso a ética de Platão, a partir do conjunto de seus diálogos, oferece um desenvolvimento de enfoques. Passa-se de uma ética de forte marca socrática para uma ética cosmológica e matemática, portanto, em alguns aspectos, mais próxima da ética aristotélica.

Há, sem dúvida, um desenvolvimento da filosofia ética de Platão. Se isso é válido, não é possível concentrar-se na interpretação apenas de um diálogo para expor todo

As origens da ética em Platão **31**

seu pensamento. Esse fato, além de tornar mais complexo seu estudo e análise, demonstra que seus princípios nem sempre estão expostos de modo direto. Alguns princípios gerais como a justificação das normas a partir do modelo da natureza, da ordem cósmica, da existência da divindade, precisam ser descobertos pela racionalidade humana. É necessário passar pelos diferentes de textos, com suas características literárias, para extrair os argumentos que sustentam a ética platônica.

Outra questão relevante para entender a ética de Platão é o dualismo entre o mundo inteligível das ideias e o mundo sensível. Esse dualismo presente em alguns textos parece ter sido superado ou ignorado em outros diálogos, não sendo assim, um tema simples. Comentaristas como Kelsen insistem no dualismo da inteligibilidade e da realidade sensível, e acrescentam outros como o do *peras* e do *apeiron*, infinito e finito e, em consequência, afirmam que predomina, na concepção de alma dos humanos e de alma do mundo, a dimensão ética do bem e do mal (2000:1-61). Todavia, a questão do mal em Platão e na cultura grega apresenta-se de modo peculiar. Surge como a ausência de bem ou é tematizada de modo indireto como, por exemplo, em *A república* ao descrever a ação do tirano, e no *Timeu* quando se refere à deusa Necessidade, ligada à matéria cega e inerte, frente ao ato criador do Demiurgo.

Em vista disso, além dos conceitos éticos fundamentais de uma macroética, é possível descrever uma ética de outras questões morais do cotidiano, isto é, uma microética, por exemplo, que examine os conceitos platônicos de amor, desejo, amizade, escravidão, guerra e paz, as relações entre o homem e a mulher.

O amor e a amizade, o *eros* ou a paixão amorosa são questionados por Platão em alguns diálogos. No *Lisis* a amizade é o foco central, no *Banquete* e no *Fedro* são o *eros* em geral e o *eros* pederasta. Dessas análises resultam considerações sobre o ideal platônico da castidade, a presença da mulher na família e na sociedade, o problema da escravidão humana, as relações entre poder e saber, ética e a ideia de alma, trabalho e justiça, direito natural, e normas sociais e jurídicas. Finalmente pode-se concluir da leitura dos diálogos, como faz Kelsen, que as relações do próprio Platão com o conceito de família, envolvendo os papéis do pai, da mãe e dos irmãos, em especial no texto *A república*, e relativamente à presença da mulher no mesmo diálogo, no *Filebo* e no *Timeu* poderiam ser objeto de estudo (2000: 63-80).

É óbvio que todos esses temas, além de suas especificidades, estão relacionados com os conceitos de bem, justiça, sabedoria e outros. Para o dialético cada conceito depende do todo da filosofia, das grandes linhas da metafísica que a sustentam. Por isso, explicitar de modo sistemático a ética platônica em seus conceitos fundamentais ou nos temas particulares requer um esforço de análise, de articulação e de interpretação desafiador. Aqui só serão apontadas algumas das possibilidades relevantes de pesquisa.

2

Sobre o conceito de virtude

Após vinte e cinco séculos de estudos platônicos e de uma bibliografia com mais de dez mil títulos não é fácil retornar aos textos de Platão e, a partir deles, esclarecer a origem e a natureza do conceito de virtude, tendo em vista as questões éticas contemporâneas. Como nenhum diálogo platônico examina especificamente a virtude, o conceito precisa ser explicitado considerando o conjunto da obra. Além disso, as dificuldades crescem quando se sabe que cada diálogo, como se fosse um projeto de pesquisa, apresenta objetivos próprios e um conjunto articulado de conceitos. O que pode ser recordado aqui é que o conceito de virtude é predominante, em especial nos diálogos socráticos, embora também receba novos encaminhamentos nos diálogos da maturidade e nos últimos.

Sobre a relevância da questão não há dúvida, tanto na perspectiva da Antiguidade quanto no sentido da contemporaneidade. O próprio Platão na *Apologia* faz Sócrates declarar que, sob as ordens da divindade, é seu hábito preocupar-se com a questão da virtude, pois ela é mais importante que a riqueza e a fama (29 d, e).

Estabelecidos alguns pressupostos sociais e históricos, a questão aqui pode ser formulada e reatualizada nos seguintes termos: Em que se diferencia o conceito platônico e aristotélico de virtude do conceito atual de virtude ética? Qual o horizonte de expectativas da Antiguidade e da contemporaneidade na recepção do conceito de virtude? A virtude é uma ou múltipla? Qual a relação entre os conceitos de alma e de virtude? Qual a relevância da virtude na formação dos indivíduos e dos cidadãos? É possível ensinar e aprender a virtude? Estas e outras perguntas servem para contextualizar a questão e examinar sua repercussão até hoje. Mas, para respondê-las ou simplesmente aprofundá-las, não é suficiente escolher alguns enunciados nos diálogos platônicos e argumentar a favor ou contra. Torna-se necessário reconstruir o contexto dos enunciados e examiná-los em uma perspectiva ao mesmo tempo global e particular. É no tecido do discurso, nas suas relações e articulações com a sociedade da época, que o sentido adquire as determinações procuradas.

O uso da palavra virtude parece ser adequado para traduzir o termo da língua grega *arete*. Entretanto, jamais será possível em qualquer tradução contemporânea expressar o conceito e a experiência correspondentes ao conceito grego e da época de Platão. Zingano ao comentar a *Ética a Nicômaco* afirma que *arete* possui uma "aplicação mais ampla do que o contexto propriamente moral", pois refere-se também "ao fazer bem as funções" e, por isso, muitas vezes aparece traduzido por excelência, também para o caso de Platão. Nesse aspecto, o cavalo que corre bem e o sapateiro que trabalha bem são virtuosos ou excelentes. Assim, virtude possui um sentido amplo, indica qualidade, excelência de alguma coisa e também aponta para conduta moral, pois "é um termo que indica a excelência moral" (ZINGANO, 2008: 78).

36 *As origens da ética em Platão*

Portanto, virtude, excelência e valor estão semanticamente entrelaçados e quando se tenta traduzir *arete* outros termos podem surgir, conforme Jaeger que menciona na *Paidea* os conceitos de força, destreza, ação valente ou nobreza. O termo latino *virtus,* que traduz *arete,* designa a qualidade do varão. Aponta a qualidade do homem valente e corajoso e, por analogia, também pode significar a qualidade ou função de animais e vegetais. Para nós, atualmente a virtude se circunscreve ao campo da moralidade, mas sem abandonar a noção de força, de eficácia, de mérito pessoal ou de excelência em relação a uma determinada atividade.

Para completar o significado de *arete* na ética de Platão e de Aristóteles, é preciso recordar as origens da ética aristocrática da Grécia Antiga. Nesse sentido, Martha C. Nussbaum, em *A fragilidade da bondade*: fortuna e ética na tragédia e na filosofia grega, escreve:

> Muito antes de Platão, uma tradição bem-difundida do pensamento ético grego asseverava que os acordos e práticas éticos são baseados em padrões eternamente fixos na natureza das coisas. Com frequência (embora nem sempre) é isso que se quer dizer com a afirmação de que os valores éticos existem "por natureza": eles estão ali, independentes de nós e de nossos modos de vida. [...] Também queria dizer que nossa relação ética mais fundamental não é com entidades instáveis tais como as pessoas e a cidade, mas com algo mais firme que qualquer um de nós (2009: 353).

Para Nussbaum, as leis da hospitalidade, do cumprimento de juramentos e outras podem ser violadas pelos homens e, nesse caso, preocupam os deuses. Isso significa que o universo

Sobre o conceito de virtude **37**

ético tem uma "profunda estrutura e segurança". E tal situação ou ordenamento natural, segundo Nussbaum, diferenciam as posições de Platão e de Aristóteles em relação à virtude. Platão aceita e desenvolve a tradição. Já Aristóteles critica-a como um todo (2009: 353). Os diálogos platônicos não apresentam uma definição única de virtude. O conceito forma-se aos poucos e assume novas dimensões e características em cada diálogo. O método platônico de procura da definição vai além dos aspectos psicológicos e epistemológicos do conceito, embora não os ignore. Sua pesquisa dialética consiste mais na construção de um percurso do que na solução final da questão. Por isso, o exame da questão implica mudanças de posições ou de perspectivas teóricas, embora com intensidades diferentes nos diálogos da juventude e da maturidade. Platão tem como objetivo pensar a questão e não apenas analisá-la ou descrevê-la. Por isso, sem uma leitura atenta, é difícil ser percebida a evolução de concepções e as características do conceito de virtude, desde as éticas e epistemológicas até as ontológicas, embora esses esquemas disciplinares não pertençam ao mundo platônico.

Feitas as ressalvas gerais, o conceito de virtude em Platão pode ser examinado a partir de pontos de vista diversos. Podemos destacar (a) a questão da unidade ou das partes da virtude, (b) o problema da natureza da virtude e de seu ensino como algo fundamental, (c) as relações entre a ideia de alma e a virtude. Diversos outros aspectos ainda poderiam ser investigados, mas, entre os principais, esses são suficientes para mostrar a complexidade do tema, pois qualquer enfoque investigativo quando se trata do pensamento platônico tende a centralizar-se e a assumir posição de relevância.

38 *As origens da ética em Platão*

Unidade da virtude

A questão da unidade e das partes da virtude exige a leitura de diálogos específicos. Sobre o assunto, Platão no *Protágoras*, no *Laques* e no *Menon* empenha-se em apresentar diferentes posições ou teses. Na realidade, seus primeiros diálogos mencionam diversas virtudes como *dike, justiça, sophia, sabedoria, sophosine*, temperança, *andreia, coragem* e isso não significa que as virtudes sejam idênticas, formem uma unidade ou não. Tudo depende do que se entende por unidade, identidade, partes ou separabilidade. É necessário primeiramente esclarecer esses termos.

A questão recebe diferentes interpretações por parte de comentaristas como T. Penner (1973), J.M. Cooper (1999), G. Vlastos (1973), D. Devereux (2011), L. Brisson (2003), M. Zingano (2009). Os diálogos expõem um processo de investigação que podemos chamar de dialético, portanto distinto do procedimento de uma simples exposição sistemática. É preciso, em relação a esse processo, aprofundar o exame das posições contrárias. Os argumentos sustentam uma sucessão de teses contrárias que podem refletir posições de autoria nem sempre identificadas com clareza. Essas posições podem ser de Sócrates (histórico), de sofistas ou do próprio Platão. Alguns comentaristas afirmam que para os sofistas a *arete* humana é dada, pertence a alguns afortunados, possui um sentido prático e, portanto, não é necessário examiná-la. Entretanto, Platão parece se preocupar com a natureza da virtude e por esse motivo a questão oferece dificuldades de entendimento. Desse modo, esse procedimento dialético tem a vantagem de desenvolver o ato de filosofar e não simplesmente de apresentar uma doutrina já pronta.

Em todo caso, os comentaristas defendem diferentes pontos de vista sobre o tema da unidade da virtude. Aqui são mencionados apenas alguns especialistas que podem nos fornecer uma noção dos diversos argumentos empregados nas interpretações.

Para considerar um primeiro ponto de vista, Brisson afirma que "as virtudes particulares não são radicalmente distintas, porquanto elas têm todas por fundamento a *episteme* que permite definir a virtude em geral" (2003: 161). Nesse sentido, tanto em Platão quanto em Aristóteles, a conduta moral correta está ligada à deliberação; e o conhecimento moral, à *episteme*. Essa distinção é decisiva para saber o que se deve fazer. A virtude depende da "ciência", mas essa tese necessita de explicações e justificativas. Pois não está claro nos primeiros textos de Platão se a virtude é única ou múltipla ou, ainda, em que sentido ela pode ser única e ao mesmo tempo múltipla, ao menos para um considerado número de comentadores.

Para Devereux os antigos, apoiados nas posições de Sócrates, sustentam a tese da unidade das virtudes na medida em que a virtude é uma forma de conhecimento. Os especialistas chamam a essa posição de Tese da Identidade. A posição dos que sustentam que as virtudes são diversas recebe o nome de Tese da Inseparabilidade. Em relação a ambas as teses, Devereux diz que essas posições "são paradoxais no sentido em que esbarram de frente com nossas concepções ordinárias das virtudes" (2011: 304). Para ele as duas teses são estranhas ao pensamento cotidiano e são insatisfatórias em relação aos argumentos em benefício de uma ou de outra.

Zingano, em relação aos chamados diálogos socráticos, sustenta que a "unidade das virtudes em Sócrates está fundada em uma tese forte, a da identidade". Na opinião do autor a inseparabilidade das virtudes "não aprende um traço fundamental da doutrina socrática das virtudes, a saber: o papel que a sabedoria, ciência ou saber tem no conjunto das virtudes" (2009: 41). As virtudes são uma única ciência, mesmo não negando suas diferenças. Por sua vez, Vlastos defende não a identidade, mas a bicondicionalidade das virtudes em *Platonic Sudies* (1973: 221-269). Trata-se de uma distinção entre as virtudes e não de uma separação entre elas. Nesse sentido, possuir uma virtude é de certo modo possuir todas.

Apesar dos debates minuciosos sobre a questão da unidade ou não das virtudes nos primeiros diálogos a indagação perde relevância, a partir de *A república* e dos diálogos tardios. Todavia, mesmo não sendo clara a ordem cronológica dos diálogos, percebe-se em Platão avanços em sua pesquisa. Ele abandona algumas posições para assumir novos entendimentos em relação a diversos temas, o que parece ser natural no desenvolvimento de uma filosofia.

Na realidade, a questão da unidade ou à da aquisição da virtude exigem, primeiramente, saber-se qual sua natureza. Por isso, o exame da virtude chama a atenção para detalhes que precisam ser anotados. Platão introduz as noções de ação e de função para explicar a virtude. Devereux sublinha o fato de Platão distinguir a virtude em si das ações virtuosas. A justiça em *A república*, por exemplo, é caracterizada como "um estado interno da alma", expressa por ações justas. A leitura atenta mostra que, toda vez que se busca uma definição, os interlocutores tendem a responder indicando

Sobre o conceito de virtude **41**

"um determinado tipo de comportamento" (2010: 305). Nessa perspectiva a explicação aponta como fonte a alma e, assim, a Tese da Identidade reafirma que a justiça, a coragem ou outra virtude são idênticas enquanto "estado de alma" ou conhecimento e sabedoria, mas não necessariamente enquanto ações, pois uma ação justa não é necessariamente uma ação corajosa.

O próprio Platão no *Protágoras* quer saber se há uma virtude com cinco nomes diferentes (sabedoria, temperança, coragem, justiça e santidade), isto é, se são idênticas ou não (349 b, 350). Em diversas passagens parece defender a identidade das virtudes; entretanto, ao final do diálogo afirma que cada uma das cinco partes da virtude "tem uma função própria" (359 a). Segundo ele, pode-se encontrar homens ímpios, injustos, intemperantes e até ignorantes, porém dotados de grande coragem. Paralelamente no *Laques*, Platão, no final do diálogo, depois de afirmar a coragem como uma das partes da virtude, muda de posição e conclui que "estamos todos caídos em aporia" (201).

Para Vlastos os argumentos contrários do *Protágoras* e do *Laques* têm sentido. Eles não são simplesmente um jogo expositivo. A meu ver o sentido dos contrários, além das razões alegadas, tem base no procedimento dialético. Uma solução dialética explica o entendimento que Platão, no *Laques*, possui da sabedoria. As virtudes não podem ser vistas como espécies do conhecimento geral do bem e do mal, pois esse conhecimento é entendido como "o todo da virtude" só alcançado pela sabedoria. A sabedoria consiste no conhecimento de cada parte da virtude e estabelece a conexão entre as partes dela. Todavia, esse argumento não pode ser aplicado no *Protágoras,* pois sua posição não é coerente quanto à mediação da sabedoria. Fica, portanto, em aberto saber qual a verdadeira posição de Platão, a do *Laques* ou a do *Protágoras.*

Talvez as posições contrárias correspondam: uma, às posições dos sofistas e da figura de Sócrates; outra, à do próprio Platão; e ambas façam parte do jogo dialético.

Postas as dificuldades de esclarecimento da unidade, é significativo que Platão, a partir de *A república, Político, Filebo* e *Leis,* não mais se interesse pela questão. Em *A república* as virtudes e, de um modo especial, a justiça adquirem uma importância enorme na educação e na formação da *polis* ideal. A exposição platônica avança com novas contribuições e distinções. A coragem, por exemplo, pode ser adquirida necessariamente sem ser sábio. Igualmente, reafirma a posição do *Laques* de que sabedoria é o fundamento da posse das demais virtudes. Em *Político,* afirma que a coragem e a temperança podem existir separadamente (307 d-308 b). No *Filebo,* seguindo o fio condutor da busca de uma vida de qualidade, tendo como tema o bem e a vida divina, analisa a questão da dor e dos prazeres. Nas *Leis,* numa visão mais realista de caráter estratégico, Platão parece admitir que as virtudes possam existir independentemente da sabedoria.

O debate sobre a questão da unidade e das partes da virtude depende da natureza da virtude que, por sua vez, fica em aberto, isto é, sem uma definição precisa. Permanece a impressão de que Platão tenta esclarecer diferentes pontos de vista, entretanto, sem alcançar uma solução satisfatória. Ele se contenta em pensar os desafios que sustentam o próprio filosofar numa perspectiva metafísica.

Sobre o conceito de virtude **43**

Saber e aprendizagem da virtude

O homem é um composto de alma e corpo, porém nele se sobressai a alma, pois ela é a sede da inteligência e operadora das ações e dos valores morais. Platão, a partir desse pressuposto, investiga no *Menon* a questão da virtude enquanto saber e enquanto aprendizagem. O mesmo problema já tinha sido tratado no *Górgias* e no *Protágoras*. No entanto, o *Menon* mostra que nem os sofistas nem os homens cultos podem ensinar a virtude (96 b). Assim, para entender suas reflexões é preciso ter consciência de que ele está diante dos desafios dos sofistas que exercem suas atividades de ensino em Atenas. Apresentam-se como mestres da virtude. Dessa situação social e histórica, e das conexões entre opinião, saber e virtude, surgem os temas do dimensionamento da virtude. Pode um grande homem, por exemplo, transmitir sua virtude? A virtude é ensinável ou os humanos nascem com ela? Antes de responder a essas questões típicas da Atenas dos séculos VI e V a.C. é provável que o debate sobre o conceito de virtude e seu significado ofereça diferentes versões e que Platão tenha o desejo de contribuir com suas críticas e propostas.

A explicação da gênese e do sentido do termo virtude, como de qualquer outro termo, depende de condições linguísticas e semânticas. Mas, se isso vale para a linguagem comum também vale para o termo virtude integrado nos diálogos platônicos, com todas as suas ambiguidades, oscilando, portanto, entre um sentido moral e outro social. Mas o procedimento de Platão nos diálogos é conhecido. Diante da pergunta que abre o diálogo: a virtude tem a possibilidade de ser ensinada?, Sócrates afirma que está longe de saber se

44 *As origens da ética em Platão*

ela pode ser ensinada ou não, pois "não consegue ver o que é inteiramente a virtude" (71 b). A dúvida impulsiona a investigação.

Na realidade, a partir de Sócrates a virtude assume um sentido ético, embora na sociedade ateniense predomine o sentido social e político e, nesse aspecto, a virtude expresse a qualidade ou a excelência de algo ou de alguém como, por exemplo, a capacidade de liderar pessoas (*Menon*, 72 a). Além dessa dimensão ética e social da virtude platônica outro aspecto liga-a ao saber; o saber enquanto saber fazer. O sapateiro eficiente possui a virtude de produzir bons sapatos. Mas, a questão do saber fazer tem, por seu turno, relação com o ensinar e o aprender. Embora a tese que articula a aprendizagem do processo da anamnese possa sofrer uma série de críticas, é preciso observar que estamos diante de uma visão metafísica onto-teo-lógica de grande repercussão histórica. O decisivo está no fato de Menon tentar explicar as espécies de virtude e a única virtude (a questão da unidade e das partes nos diálogos *Protágoras* e *Laques*), enfim, a virtude em geral. Começa caracterizando a virtude como capacidade de administrar os negócios da cidade, de praticar o bem aos amigos e o mal aos inimigos, assim como de as mulheres saberem governar os bens domésticos ou de servir o marido (71 e). Sócrates ouve e objeta. O diálogo avança examinando algumas virtudes e indagando se há espécies de virtudes ou uma só, e introduzindo a relação entre o saber e o desconhecido, entre as ideias ou formas e a reminiscência. Toda essa argumentação ilustrada pelo caso do escravo e referida ao problema da imortalidade da alma, para, finalmente, retornar à natureza da virtude.

Sobre o conceito de virtude

Platão propõe no *Menon* o exame de duas hipóteses. Se a virtude reside no saber, ela pode ser ensinada. Caso contrário, se não for saber, não pode ser ensinada (87 b, c). Se a virtude é uma qualidade útil da alma, também é sabedoria. Mas, donde provém essa condição da virtude? De fato, se a virtude é natural e tendo em vista que "não é pela natureza que os bons se tornam bons", podemos nos indagar, então, se a virtude advém do estudo, da educação (89 c). Sócrates, apesar das observações de Menon sobre as tentativas de alguns de ensinar a virtude, afirma que não consegue encontrar professores dessa ciência (89 e). Sua posição reafirma que a virtude não pode ser ensinada e, nesse sentido, argumenta que não é só o saber que nos leva às ações corretas, mas também a opinião verdadeira (97 c). Entretanto, Platão conclui seu diálogo com dúvidas, pois essas questões somente serão esclarecidas quando soubermos o que é a virtude, em si e por si (100 b, c).

A questão do ensino da virtude retorna, igualmente, no *Protágoras*. Para Protágoras a virtude em geral pode ser adquirida e ensinada. Para Sócrates, não. Contudo, depois de falar da educação da família, da escola e do ensino da música, da literatura, da ginástica e das leis, e depois de debater, como vimos a unidade ou não das virtudes, Platão no fim do diálogo inverte as posições de Sócrates e de Protágoras sobre o ensino da virtude. Não obstante, como os argumentos em ambos os casos não satisfazem, é reafirmada depois de dificuldades conceituais a necessidade de saber o que é a virtude em si.

A alma e a virtude

As questões da unidade e da aprendizagem da virtude são postas e depois de questionadas permanecem em aberto.

46   *As origens da ética em Platão*

Talvez, outra forma de investigá-la consista na tentativa de esclarecer as relações entre a alma e a virtude. Obviamente estamos longe das análises atuais sobre o cérebro, a consciência e o *self*, tanto da pesquisa científica quanto da filosófica. Portanto, nesse retorno à gênese da questão, é fundamental ter presente que, em Platão, a natureza humana é expressa pela *psique*, a alma. O homem é essencialmente sua alma e, em consequência, as virtudes morais são superiores aos bens materiais.

A natureza e a imortalidade da alma são duas dimensões fundamentais da filosofia de Platão e ambas incidem sobre a noção de *arete*, pois essa não pode ser entendida completamente sem uma articulação profunda com esses dois conceitos. Por isso, as relações entre alma e virtude em Platão, nesse início da metafísica, refletem uma concepção antropológica marcada profundamente pelo viés moral e ético.

Em vista disso, para entender as articulações entre a alma e a virtude, pressupõe-se, além do entendimento da alma como um princípio cognitivo, tantas vezes estudado na história da filosofia, também um princípio ético que nos permite saber se um ser humano é bom ou mau. Esses dois princípios inseparáveis são examinados com diferentes ênfases nos diálogos platônicos, ora um, ora outro, ora os dois.

Não importa se a alma é ou não é o homem em sua totalidade ou, ainda, se a alma é inseparável ou distinta do corpo. Nas duas modalidades de entendimento da natureza humana Platão aponta a cura da alma como um modo de sanar as doenças do corpo, posição comum na medicina antiga. Quando Platão, nos primeiros diálogos, como no *Alcibíades I, deixa claro* que o "conhece-te a ti mesmo" deve ser interpretado primeiramente como "cuida de ti mesmo" (132 a, b, c, d, e), fica evidente a primazia do sentido moral na formação do indivíduo e do cidadão.

No *Górgias*, no *Fedon* e, especialmente, no *Protágoras*, apesar das distinções entre alma e corpo e da apresentação de valores morais diferentes, a alma começa a ser concebida como "eu" e essa noção, posteriormente, é assumida nos diálogos *Filebo* e *Timeu*, nos quais a noção de injustiça, por exemplo, é considerada como um mal da alma. Nessa mesma linha, o *Fedro* e o famoso mito do mesmo nome aponta a caída ou a finitude humana como queda da alma.

Mas, como os diálogos apresentam concepções diferentes de alma, não é fácil saber se Platão tem dela uma concepção homogênea ou diversificada. E, junto a essa dificuldade, deve-se acrescentar outra: a da imortalidade da alma, como nos diálogos *Górgias, Fedro* e *A república,* em que ela parece possuir qualidades como justiça, temperança, coragem, nobreza de caráter e aparece como melhor ou pior, conforme a virtude da sabedoria (88 c-89 a).

Inúmeras vezes Platão convida o filósofo a aproximar-se, e a cultivar a alma e, ao mesmo tempo, a afastar-se do corpo (65 c). Nesse sentido a alma é apresentada como uma substância autônoma (e não apenas uma propriedade do corpo) que possui o poder de conhecer. Essa alma inteligente, princípio de vida, tem o objetivo de evitar as paixões, enfim, as inclinações do corpo. Entretanto, a posição de Platão novamente não é clara. Diversas posições são sugeridas, embora no *Fedon,* conforme explica Robinson, surja como novidade a noção de alma como portadora de vida (2007: 72).

Em *A república*, Platão, de modo incisivo, atribui a tudo o que tem uma função uma virtude específica (353 b).

Afirma que a função da alma é "superentender, governar, deliberar e todos os demais atos da mesma espécie" (353 d). Portanto, é função da alma "viver" e faz parte de sua eficiência ser justa, pois alma má governa e dirige mal as coisas e é infeliz. Há, portanto, uma relação entre o bem e a eficiência da alma. O problema que surge é o de saber, por exemplo, se a justiça como virtude da alma é a mesma virtude das artes em geral ou não. Nesse sentido é incoerente reduzir a alma ao simples viver no sentido biológico devido, entre outros aspectos, à própria definição de justiça. Platão conclui *A república*, livro I, com dúvida sobre o que é a justiça e, por isso, sua estratégica dialética deixa a questão em suspenso.

Um aspecto relevante das relações entre alma e virtude reside na tripartição da alma, famosa passagem de *A república*, reinterpretada centenas de vezes pelos estudiosos. O paralelismo entre as quatro virtudes da alma e da *polis* (Estado) ideal, fundado no princípio da tripartição, aprofunda a articulação entre alma e virtude, embora novamente a questão ofereça algumas ambiguidades ao entendimento. De fato, a leitura atenta mostra a relação das virtudes pessoais e sociais e, igualmente, as relações entre a alma e os sentidos, o desejo e o prazer, aspectos esses examinados de modo parcial também em outros diálogos.

Finalmente a relação entre alma e virtude passa pela questão da imortalidade da alma cujas provas no *Fedon* são insuficientes. Igualmente, a questão independe de saber se todas as partes da alma ou apenas uma é imortal. Também não está explícito se a alma viciada, decadente, está sujeita às paixões e participa ou não do estado de imortalidade. Assim, essas dúvidas sobre a natureza da alma interferem nas dúvidas so-

Sobre o conceito de virtude **49**

bre suas relações com a virtude. É preciso observar que esses dualismos, especialmente no *Fedon,* ganham novas abordagens em outros diálogos, sem perder, no entanto, o caráter dualista mediado pelo pensamento dialético.

Na perspectiva cosmológica da origem do cosmos, as relações entre alma e virtude assumem outra direção. Platão, no *Timeu,* introduz a figura da alma do mundo e em consequência desenvolve os conceitos de tempo e eternidade, espaço e matéria, caos e cosmos. O *Timeu,* o *Filebo* e as *Leis* oferecem ainda outros conceitos como os de Necessidade, Ilimitado, Demiurgo, Identidade e Diferença e, desse modo, enriquecem os avanços da concepção platônica a respeito da composição da alma do mundo. Todavia, nessa perspectiva, não ficam claros a aproximação e o distanciamento entre a alma individual e a alma do mundo, e quais as relações entre alma e mundo, alma e corpo.

A vantagem da investigação platônica nessa altura é a concepção da alma como princípio do movimento, já exposto de modo explícito no *Fedro* e nas *Leis.* Nas *Leis,* livro X, após mostrar a prioridade da alma sobre o corpo, define alma como "o movimento que move a si mesmo" (896 a). Há uma notável diferença entre uma coisa que move outra, e uma coisa que move a si mesma e que é fonte de movimento de outras coisas. A alma é automovimento, e, sendo a mais antiga de todas as coisas, é, igualmente, princípio primeiro de movimento (896 b). Assim, se a alma é a causa de todas as coisas, ela é também a "causa do bem e do mal, daquilo que é nobre e daquilo que é vergonhoso, do justo e do injusto e de todas as demais coisas contrárias" (896 d, e). Platão, mais adiante, após reafirmar a existência de muitas almas e de distinguir a "melhor alma" (inteligente e plenamente virtuosa) da "alma má" que cuida do universo, levanta a hipótese de que todos os astros são movidos por uma ou mais almas e que são deuses e, ou ainda, por uma alma superior (898 c). Entretanto, o importante é a alma ser dotada de virtude, não importando se é única ou múltipla.

Diante do exposto, deduz-se a necessidade de considerar o conjunto dos diálogos para entender as relações entre alma e virtude. Parece óbvio que Platão admite que uma parte da alma é imortal, por isso, divina, e que tem a função de aperfeiçoar o ser humano e o universo. Mas, diante da falta de clareza sobre a natureza da alma, de seu caráter de princípio de vida e de movimento, de suas relações com as ideias ou formas, surgem as dificuldades de entender a questão da virtude. Platão, crítico em relação às noções de alma correntes, tateia avanços dialéticos e aponta diversos significados de alma, deixando de resolver diversas dificuldades, por exemplo, as semelhanças e diferenças entre a alma e as ideias. Finalmente a questão das relações entre a natureza da alma ou do ser humano e as virtudes nos textos platônicos encontra-se marcada pelo estado de investigação e não tanto pela apresentação de conhecimentos apenas doutrinários sobre o assunto.

Observações conclusivas

A natureza e a relevância da virtude nos diálogos de Platão pressupõem o contexto da cultura grega como horizonte primeiro. Nesse sentido, há uma sucessão de cenários anteriores concomitantes e posteriores a essa filosofia. Há uma evolução teórica no entendimento da virtude clássica que parte das filosofias dos pré-socráticos, de Sócrates e dos sofistas antes de chegar a Platão e, depois, à posição de Aristóteles e das escolas posteriores. Não se pode esquecer Homero e Hesíodo, formadores da cultura grega. Não se pode ignorar os trágicos e os demais autores que, de modo direto ou indireto, deixam transparecer em suas obras determinados conceitos de virtude que devem ser levados em consideração para entender a posição de Platão. Por exemplo, Jaeger na *Paideia* aponta os conceitos de nobreza, as linhagens, as relações entre os deuses e os heróis, os costumes e outros aspectos relevantes na formatação do conceito de virtude.

Platão procurou a definição de virtude examinando, ao mesmo tempo, as suas diferentes características e suas relações com a alma, a teoria das ideias ou formas, e suas manifestações no comportamento humano, na educação e na construção do Estado ideal. Dessa maneira ele abriu um leque de questões éticas, posteriormente reorganizadas e melhor sistematizadas pela investigação aristotélica. Nos primeiros diálogos, além de buscar a definição de virtude, procurou analisar a questão da unidade ou não da virtude e a possibilidade de seu ensino e aprendizagem. Nos diálogos da maturidade continuou a investigação sobre a natureza da virtude destacando com maior profundidade suas relações com a alma.

Tanto para Platão quanto para Aristóteles, a sofística é um marco decisivo para entender o conceito de virtude. Certamente, a questão da virtude em Platão e nos debates da Academia, sem esquecer a posição dos sofistas, serviu de base para a teoria aristotélica da virtude. Aristóteles é o primeiro sistematizador dos estudos éticos. Embora nele ainda esteja presente a visão intelectualista da virtude platônica, Aristóteles a define como um meio (*meson*), e estabelece a distinção entre as virtudes morais e as intelectuais, introduzindo, com destaque, conceitos novos como o de hábito, vontade, deliberação, felicidade.

Finalmente é necessário recordar que as escolas morais dos estoicos, epicureus, céticos e outros orientam, sob novas perspectivas, os estudos da virtude. Algumas dessas contribuições tornaram-se fundamentais para entender os padrões morais da civilização ocidental e cristã.

Sobre o conceito de virtude **53**

3

A ideia de bem

Atualmente o conceito de bem quase desapareceu dos debates de políticos e homens públicos. Também é posto num plano secundário pelos filósofos contemporâneos, mais preocupados com a questão do bem-estar e da liberdade do que com o problema dos fins e dos objetivos. Na realidade, o raciocínio teleológico próprio da Antiguidade não é prioritário nas reflexões éticas contemporâneas. O bem é visto como um conceito vago e inatingível, apesar das questões do justo, das decisões e das ações, ou do livre mercado e de outras de igual natureza, exigidas pelas teorias e pelas práticas atuais, referirem-se direta ou indiretamente aos padrões de bem e de bom, da qualidade e da excelência. Tais questões dependem explícita ou implicitamente do conceito de bem pressuposto na definição de objetivos e metas de ação, de caráter estratégico ou comunicativo. Assim o conceito de bem, tendo perdido a primazia nos debates éticos e políticos de um modo ou de outro, ainda está presente nas atividades pessoais, profissionais e nas finalidades das instituições.

Heidegger, em *Ser e tempo,* entre outras considerações, questiona o conceito de ser e diz que é o conceito "mais universal", indefinível e evidente por si mesmo e, por isso, devido a essa obscuridade, exige ser novamente pensado. Assim,

Heidegger propõe-se a indagar pelo sentido da pergunta que indaga pelo ser, pois as definições oferecidas pela tradição da metafísica não servem, não esclarecem suficientemente o conceito, sendo necessário novamente perguntar pelo sentido do ser. E o que acontece com o conceito hedeggeriano de ser comparativamente ocorre com o conceito de bem em Platão, que sabe perfeitamente o quanto é difícil e complexa sua definição. Por isso, entre outras coisas, ele afirma que é mais adequado falar do bem de oralmente e não por escrito, e essa hipótese implica, a meu entender, o entendimento do processo metodológico dialético. Não se trata de obter uma simples e clara definição lógica de bem, mas de um processo de investigação que poderá mostrar as diferentes manifestações dele.

Apesar dos obstáculos teóricos envolvidos na natureza do bem, a ideia ou o conceito de bem na filosofia de Platão ocupa um lugar central. As dificuldades de definição não podem ser empecilho para pensá-lo e para procurar esclarecer sua natureza. Entretanto, essa tarefa não pode ignorar os horizontes culturais e históricos, além dos teóricos e sistemáticos, desse constante questionamento. Torna-se praticamente impossível reconstruir as condições das reflexões de Platão devido à distância no tempo e ao seu modo de pensar; no entanto, também devemos considerar que algo da questão do bem, assim como foi posta por Platão, ressoa na cultura e na teoria até nossos dias.

Para ilustrar isso basta mencionar John Rawls em *Uma teoria da justiça*, quando afirma que os dois conceitos principais de ética são os conceitos de justo e de bem (2002: 26). Entretanto, o conceito de bem dos gregos da Antiguidade não é o bem da racionalidade de Rawls. O distanciamento

56 *As origens da ética em Platão*

histórico supõe cenários sociais e culturais diversos. Para Rawls o "bem de uma pessoa é determinado pelo que é para ela o mais racional plano de vida" (2002: 437); por isso, para sua efetivação, o bem tem relação com a estrutura básica da sociedade. Já o bem na Antiguidade, numa concepção metafísica, é posto de modo *apriorístico*, externo e situado além das obrigações e escolhas do indivíduo. Portanto, as recepções do conceito de bem de Platão e também de Aristóteles possuem características que não podem ser percebidas sem um esforço de reconstrução histórica e sistemática, isto é, de cenário e de argumentos, dos textos de autores gregos antigos.

O Bem e sua articulação com as demais virtudes

Platão não escreveu um diálogo sobre o bem, mas dele falou em diversos diálogos e em *A república*, nos seguintes termos:

> Quem não for capaz de definir com palavras a ideia de bem, separando-a de todas as outras, e, como se estivesse numa batalha, exaurindo todas as refutações, esforçando-se por dar provas, não por meio do que parece, mas do que é, avançar por meio de todas estas objeções com um raciocínio infalível, não dirás que uma pessoa nestas condições conhece o bem em si, nem qualquer outro bem, mas, se acaso toma contato com alguma imagem é pela opinião, e não pela ciência que agarra nela, e que a sua vida atual a passa a sonhar e a dormir, pois, antes de despertar dela aqui, primeiro descerá ao hades para lá cair num sono completo? (*A república*, 534 b, c).

Essa citação é rica de detalhes, de metáforas, de perspectivas. Alguns desses detalhes merecem atenção especial.

A ideia de bem **57**

Além de falar, de modo geral, das dificuldades de definir o bem, Platão acena com sua separação de outras ideias, falando do "bem em si" ou de qualquer outro bem. Talvez seja nessa distinção da ideia ou forma de bem em relação a outras ideias que ela possa ser caracterizada. Assim, a ideia de bem em *A república* surge ligada estreitamente à ideia de justiça e, coerente com isso, com as demais ideias e, enfim, com a polêmica Teoria das Ideias, sem esquecer a ideia de alma.

Desse modo, a ideia de justiça não pode ser compreendida sem a ideia de bem e sem sua conexão com a formação dos governantes-filósofos. Nesse caso, a ideia de bem é esclarecida na medida em que ela "ilumina" a justiça, a constituição da *polis* ideal e a necessidade de educação dos governantes. Trata-se, portanto, de um núcleo de conceitos, um exigindo o outro, embora distintos entre si. Nesse caso a questão do bem não é simples, mas complexa, exige um processo dialético analítico. Tal procedimento dialético assemelha-se a outra tentativa platônica, a de responder à pergunta: quem é o filósofo? (pergunta que Platão não responde de modo direto e objetivo). Ele procura esclarecer nos diálogos *Sofista* e *Político* quem é o sofista e o político para deixar em aberto a resposta sobre o filósofo. Desse modo, indiretamente, aliás, ele sugere uma noção de filósofo, não uma definição de filosofia.

Definir o bem, acrescenta Platão, é como estar numa batalha de argumentos, de provas, de refutações, sempre com o objetivo de superar a *doxa* (opinião), em favor da *episteme*, (ciência). Ele deixa isso claro ao insistir no método. Na realidade, só se pode entender nas páginas de *A república* a investigação sobre a justiça a partir da compreensão do bem, mas não do bem concebido pelo senso comum. Ao contrário, ele supõe um distanciamento da opinião e uma aproximação do entendimento científico. Platão examina as crenças correntes sobre a justiça e sobre o bem concomitantemente e, assim, apoiado na argumentação dialética, questiona a ideia de bem. Sua luta consiste em superar a *doxa* permanentemente criticada por ele. É preciso despertar para o bem.

Mas, o que é o bem? Eric Voegelin, em *Ordem e história*, vol. III: Platão e Aristóteles, afirma que, "quanto ao conteúdo do *agathon*, nada pode ser dito" (2009: 172). De fato, sem consciência dessa transcendência não se pode entender a ética platônica, a qual não oferece "regra de conduta", mas apenas uma experiência de formação à alma. Talvez, devido a isso, Platão use metáforas para referir-se ao bem, compara-o ao sol (508 a, b, c). Sem o sol, o olho não poderia ver nada. Assim, sem o bem não é possível iluminar as virtudes da justiça e da verdade. Platão procura em seu texto mostrar a função do bem na função ética, afirmando que o bem não é intelecto, nem seu objeto, mas é "o que transmite a verdade aos objetos cognoscíveis e dá ao sujeito que conhece esse poder" (508 e).

Voegelin, comentando essa passagem de *A república,* acrescenta que o sol, além de produzir visibilidade, tem o poder de geração, crescimento e nutrição (2009: 173). Portanto, a comparação do bem com o sol é elucidativa e, ainda, examinada na perspectiva da alegoria da caverna, adquire maior força de esclarecimento das conexões que existem entre o *agathon*, a *paideia* e a *periagoge*. Aliás, a alegoria da caverna tem a vantagem de envolver os inúmeros aspectos da busca de definição do bem e especialmente do processo de aprendizagem do bem, desde as formas até as faculdades da alma. Ainda nesse sentido, a ideia de bem remete à ideia de conversão (embora essa última ideia permaneça vaga na proposta platônica), e as ideias de bem e de conversão tornam-se fundamentos de educação e de formação do caráter.

Esse conjunto de conceitos articulados na visão de alguns intérpretes projeta uma visão mística do divino e pressupõe a capacidade de pensar que, por sua vez, tem dimensão divina (518 e). Dito isso é preciso observar que Platão fala dos homens éticos transportados, "ainda em vida, para a Ilha dos Bem-aventurados" (519 c, d). Essa espécie de paraíso, já mencionado por Hesíodo em *Trabalhos e Dias*, revela um Platão que acredita na possibilidade de alcançar estados perfeitos de felicidade. Desse modo, para a filosofia, as virtudes não são apenas uma proposta intelectual, mas um modo de vida. Sendo assim, o entendimento do texto de Platão exige muito mais atenção.

Também Nicholas White, em *O conceito de bem em Platão,* evoca a necessidade de observar como ele investiga os conceitos em geral e, no caso de *A república*, especialmente o conceito de justiça visto nos primeiros livros, como uma propriedade de ações. E a justiça é um dos elementos constituintes do bem. Por isso, para entender o bem é preciso perceber como são examinados os demais conceitos. Desse modo, White chama a atenção sobre a maneira platônica de tratar o bem e as demais virtudes, tendo presente a questão epistemológica que busca a *episteme* e as ideias como paradigmas. Concluindo, isso quer dizer que é impossível entender o bem como conceito isolado (WHITE, 2011: 333-347). Num sentido geral, é preciso compreender toda a filosofia de Platão para de fato obter uma dimensão da ideia de bem.

Ainda outra possibilidade de entender o bem em Platão consiste em confrontá-lo com o conceito de mal. Sobre isso Platão não se manifesta de modo direto. Todavia, em *A república*, no livro IX, ao analisar e ao descrever as formas de governo, especialmente a do tirano, ele aponta as características do mal. Contudo, não há em Platão uma exposição dos opostos bem e mal, nem sequer uma interpretação do mal, como ausência de bem. Uma leitura atenta de *A república* parece indicar que as considerações platônicas sobre o bem têm o objetivo de formar homens justos e uma *polis* ideal e justa. Esse objetivo, porém, não é alcançado sem algumas dificuldades de ordem psicológica, pois o desejo racional do bem vem acompanhado das demais potencialidades da alma, portanto, dos instintos e pulsões negativas.

Para completar essas considerações, Franco Trabattoni, em *Platone*, ao falar do desenvolvimento da temática de *A república*, apresenta uma hierarquia metafísica de bens. Ele debate a projeção da *polis* ideal e justa, portanto, das condições de felicidade e do bem tomando como referências exemplos emblemáticos, como o da comunidade das mulheres. Trabattoni explica que a existência de coisas boas implica a presença de uma hierarquia de bens, acima dos quais está a ideia de bem em si (1998: 214). Essa noção de uma hierarquia metafísica culmina assim, com o bem em si, o qual, com o passar do tempo, torna-se a verdadeira herança do pensamento de Platão.

Enfim, se a condição mortal dos humanos não permite o conhecimento do bem, é certo que a ordem social e cósmica dele depende. Mas, a tarefa de dizer o que é o bem em si é demasiadamente grandiosa. Apesar disso e, justamente por isso, o bem não é a ciência nem o prazer ou qualquer outra coisa, pois afirmar que o bem é isso ou aquilo pressupõe antes conhecer o bem em si (506 a-e). Como vimos, o bem está além das essências, pela sua dignidade e poder (509 b).

A dificuldade de falar do bem também é anunciada na *Carta Sétima* e no *Timeu* ao declarar que ele, Platão, não possui método adequado para explicar o princípio ou os princípios de tudo (48 c). Não se trata de definir o bem, mas apenas de fazer comparações, dizê-lo metaforicamente, propô-lo como paradigma. Só dessa maneira é possível concebê-lo em seu estado transcendente. Melhor dito, trata-se de expressá-lo indiretamente, de apontá-lo como pressuposto ou fundamento da vida e da *polis* harmoniosa e justa. Desde essa perspectiva ele dá sentido à amizade, à bondade e somente pode ser alcançado, conforme é apontado no *Banquete* e no *Filebo* por etapas, por divisões ou passos dialéticos. Desse modo, os governantes filósofos saberão deduzir da ideia de bem os verdadeiros caminhos dos indivíduos e da cidade. Entretanto, manifestam-se esses aspectos do bem de maneiras distintas, dependendo do diálogo em que estão presentes. Robinson observa que a ideia de bem em *A república* é vista como causa eficiente putativa, enquanto essa posição no *Timeu* é abandonada e todas as ideias ou formas "desempenham um papel paradigmático no esquema geral das coisas" (2007: 21).

Ainda é necessário acrescentar a respeito do conceito de bem as contribuições da interpretação de Maura Iglésias do diálogo *Filebo*. Ela mostra como o bem está ligado à questão do prazer, isto é, a natureza do bem é esclarecida de modo

62 *As origens da ética em Platão*

mais adequado sob a perspectiva do papel do prazer na vida humana (2007: 90). A questão aparece de modo indireto em *A república*, pois nela transparece a relação de bem com a ideia de justiça. Na realidade, Iglésias mostra que a investigação da natureza de bem em *A república* pode ser formulada com a pergunta: "o que é a vida boa?" Ou, ainda: "o que é a felicidade?" (*eudaimonia* entendida aqui como plena realização da vida). Trata-se das condições necessárias para uma vida feliz, desde que o bem contenha todas as coisas. No *Filebo*, desde o início, o bem não é examinado abstratamente como algo em si, mas em relação ao saber e ao prazer. Esse deslocamento da investigação parece óbvio, uma vez que a ascensão ao bem pode ter êxito ou fracasso, dependendo da realização humana.

Iglésias examina também os diálogos *Protágoras, Górgias,* além de *A república* e *Filebo*. Nesses textos ela constata um crescendo em direção à concepção matemática e de um uso prático para um uso especializado. Assim, no *Protágoras*, para examinar seu objeto de pesquisa, Platão usa a noção matemática de analogia; em *A república* emprega a geometria e no *Filebo*, sob o impacto da teoria dos números irracionais que transformam sua ontologia e epistemologia dialéticas, desenvolve a tese hedonista que "cai num paradoxo: se o prazer é o bem, e se viver bem é ter prazer no maior número e na maior intensidade possível" e exige um cálculo *metretico*, isto é, uma medida dos prazeres (2007: 96).

Nessa perspectiva, a ideia de bem passa de uma concepção transcendente para uma sofisticada abordagem dialética de caráter matemático, passa para um contexto de exame mais próximo da realidade da vida. Isso justifica o comentá-

A ideia de bem **63**

rio de Iglésias: "Um prazer próximo pode, enganosamente, parecer maior que uma dor futura, ou uma dor agora maior que um prazer futuro" (2007: 96). Daí a necessidade de possuir uma medida do bem que nos permita escolher entre as dores e os prazeres. Devido a isso, há o sentido da distinção no *Górgias* entre bem e prazer e que associa a desmedida ao prazer e a medida ou ordenação ao bem.

Na realidade, para entender o contexto em que se investiga a ideia de bem no *Filebo*, é necessário explicitar o que Platão entende por medida, ordenação e, ainda, desmedida e indeterminação, conceitos esses que, postos sob a perspectiva da crítica da teoria das ideias, ganham importância cada vez maior no pensamento platônico. Platão retoma a questão prática do bem na perspectiva do saber e do prazer. Para Iglésias, depois de *A república*, o conceito de bem deve ser entendido tendo presente a crise da teoria das ideias e também "os paradoxos do sensível" (2007: 109). Tanto a dor quanto o prazer são próprios do ser humano, e o bem, entendido nesse contexto, dele se distingue e, igualmente, serve de critério de vida equilibrada ou vida melhor.

Aqui estão elencadas, portanto, algumas posições sobre a natureza de bem em Platão. As interpretações do texto platônico são numerosas e contraditórias, apesar da imensidade de estudos, muitos pontos são obscuros e polêmicos. Por isso, um exame minucioso da questão do bem requer a leitura de toda sua obra, uma leitura dos detalhes linguísticos, um levantamento das principais recepções de sua filosofia no passado e no presente, um retorno à cultura e à sociedade da época de Platão, além do exame da questão ética do bem na perspectiva da contemporaneidade. Todos esses aspectos exigem tempo e rigor científico.

A posição de Aristóteles sobre o bem

Não é possível examinar a natureza do bem em Platão sem levar em consideração a posição de Aristóteles, seu discípulo durante muitos anos. Entre as objeções que Aristóteles faz à filosofia de Platão, uma das principais refere-se à natureza do bem. Aristóteles não concorda com Platão e, por isso, não atribui ao bem um lugar privilegiado em sua filosofia ética, como ocorre em *A república* (504 e). Para ele a ideia ou forma de bem não supõe univocidade, pois não existe uma única forma de bem para todos e tudo.

Para Sandel o raciocínio de Aristóteles é teleológico, parte de uma determinada concepção do bem humano (2011: 268). Kant e Rawls rejeitam esta posição, pois ela não permite a escolha individual. Em todo caso, pensar a partir de um propósito, de um fim, de um objetivo é comum na Antiguidade e na filosofia aristotélica, e esse ponto de partida é o cenário que enquadra a reflexão ética, explica por que a virtude moral resulta do hábito, define a concepção de justiça distributiva, fundamenta as formas de governo e até justifica a escravidão. Mas, antes de examinar o conceito de bem em Aristóteles, é oportuno recordar um comentário de Hector Benoit que percebe no *Filebo*, por parte de Sócrates, "uma grande prudência em relação ao prazer e à dor" e uma "forma mediada de se aproximar da noção de bem", "pensado em múltiplos sentidos e não mais como gênero", portanto, próximo das "páginas da cuidadosa teoria da ação aristotélica" (2007: 199). Essa observação aproxima a investigação

A ideia de bem **65**

do bem de Platão dos últimos diálogos com as reflexões de Aristóteles em *Ética a Nicômaco*. Isso não diminui as diferenças de posição dos dois filósofos, apesar de as diferenças e semelhanças entre ambos serem muitas vezes esquecidas pelos comentadores: os dois contextualizam o conceito de bem diferentemente. Para Aristóteles o conceito de bem surge em torno de conceitos como o de fim, de felicidade, de atividade racional da alma e, em vista disso, não pressupõe, como em Platão, uma conversão radical nem se localiza num mundo transcendente, da maneira como ocorre em *A república*, no livro VI.

Aristóteles nas primeiras linhas de *Ética a Nicômaco* afirma que o "bem é aquilo a que todas as coisas visam" (1094 a, 1-5). Todas as ações, a arte ou técnica, a investigação em geral, enfim, todo objetivo visa a algum bem e tem relação com a *arete* humana e a *eudaimonia* (felicidade). Nessa perspectiva, segundo Úrsula Wolf, toda ação aspira a um bem, todo agir tem um fim último e esse fim é a *eudaimonia* (2010: 21). Nesses distintos âmbitos da atividade humana, de tipos de fins para a ação, observa-se uma aproximação e, ao mesmo tempo, um jogo de sentidos entre fim e bem. O bem ora indica o fim de uma ação, ora é posto como fim da ação. Wolf nota que a enumeração das diversas atividades humanas "depõe a favor de uma generalização indutiva apoiada na observação do comportamento humano" (2010: 24). A linguagem imprecisa de Aristóteles emprega as expressões "bem" e "um bem". Ainda, além de bem (*agathon*), ele fala no "sumo bem", no "bem perfeito" e no "melhor dos bens". Todas essas expressões parecem se originar da referência aristotélica a diversas atividades técnicas ou políticas. Em vista

66 *As origens da ética em Platão*

disso, Hardie em *The final Good in Aristotle's Ethics*, comentado por Wolf e Zingano, caracteriza duas concepções de fim último em Aristóteles, a primeira chamada de inclusiva e a segunda de dominante. Para Wolf no texto aristotélico "há indicações a favor de ambas as concepções" (2010: 26). Adiante, Aristóteles afirma ser a *eudaimonia*, a felicidade ou a bem-aventurança, o fim último ou o melhor dos bens (1º 95 a, 14-30). A felicidade é aqui entendida como viver bem, agir bem, ter sucesso e não um estado de espírito ou vida de prazer. Nesse sentido, ele se distancia da posição platônica tecendo sobre ela diversas críticas. Wolf resume os dois pontos de vista assim:

> Expresso de maneira bastante simplificada, Platão admite que há apenas uma única ideia de bem e desvinculada da realidade da experiência, que apenas essa ideia é perfeita e duradoura e que todos os outros bens são bons pela participação aproximativa nessa Ideia. Ora, Aristóteles contesta, em primeiro lugar, que uma Ideia geral do bem possa abarcar a bondade de todos os bens. Há que se falar antes do bem em diversas categorias... (2010: 30).

Para Aristóteles, diversos fins remetem a diferentes finais e, por isso, o bem que se quer deve ser aquele que é o melhor dos bens. Nessa perspectiva, a felicidade é o melhor dos bens, pois é um fim que se encontra em outro patamar em relação aos demais fins. Todavia, a questão do melhor dos bens, apesar de Aristóteles admitir que não exista um agir capaz de alcançá-lo, é, ao mesmo tempo, uma crítica à posição de Platão, sem deixar de ser, sob a perspectiva metafísica, uma clara aproximação do ideal platônico.

A ideia de bem **67**

Dialética e definição de bem

O exame do bem em Platão, da parte dos especialistas, quase sempre depende do ponto de vista adotado. Se a perspectiva for, por exemplo, a doutrina não escrita de Kramer e de Reale, temos determinadas conclusões; se for de outro ponto de vista, como o da hermenêutica ou o da analítica, temos outras interpretações. Por isso, por mais que os diálogos de Platão sejam as referências principais, observam-se conclusões diferentes e, certamente, isso continuará sendo assim, pois o pensamento filosófico depende dos textos e de suas ambiguidades naturais.

Na perspectiva de Krämer em *Dialettica e definizione del Bene in Platone*, o conceito de bem é impregnado do transcendente e, por ser impossível de ser objetivado, torna-o ponto central da teoria das doutrinas não escritas. Seu ponto de partida em *A república* (534 b) é a citação referida no início desse estudo, relacionada com uma passagem do *Fedro* (245 e), mais a *Carta Sétima* (342 b). Krämer justifica em seus comentários os motivos de Platão para não divulgar a definição de bem na obra escrita, mas a interpretação dele tem o objetivo de estabelecer as bases da doutrina não escrita. Sua investigação parte de um pressuposto explícito, não voltado para o exame da natureza do bem, mas a partir da ideia de bem, para a fundação da teoria da doutrina não escrita.

A questão da definição de bem em Platão não pode ser posta em termos simples, pois nela está implicado o problema do método, do modo de pensar. O método dialético de Platão é distinto do aristotélico. Apresenta características próprias que resultam de diferentes refutações, análises e sínteses. Na realidade, a dialética de Platão consiste num conjunto de processos efetivados em cada diálogo ou investigação com especificidades. Nesse sentido, é possível afirmar que em seus diálogos não está definida, de modo claro, a ideia de bem. Ao contrário, sua investigação avança, ao mesmo tempo, a partir de dois pressupostos: o de que o bem é suposto como algo determinante (para que alguém, por exemplo, possa ser um bom governante); o outro pressuposto considera o bem como algo dado e que pode ser desdobrado em diferentes facetas, na identificação da justiça e das demais virtudes. Portanto, a questão reside na compreensão do modo platônico de investigar. A simples análise do texto sem considerar a natureza do diálogo e o modo de ser do pensamento platônico não alcança o sentido da questão. Para Platão é preciso afastar-se dos modos comuns de pensar, das opiniões, para alcançar a *episteme* (a verdade). Todavia, isso não significa que Platão ignore as opiniões cotidianas, ao contrário, examina-as uma a uma em seus diálogos. Ele exige que se preste atenção aos aspectos do diálogo, às diferentes posições dos personagens.

A república, entre os diálogos, é uma ilustração desse procedimento racional, uma explicitação do processo argumentativo. O esclarecimento do conceito implica o desdobramento de diferentes dimensões e a articulação dos diversos elementos processuais. O debate sobre justiça efetiva-se num permanente avanço, isto é, mostra novos ângulos de análise e novas relações entre os diversos enfoques. A questão da justiça é examinada, por exemplo, em relação ao bem, às funções da alma, da existência de classes sociais, da construção da *polis* ideal, do projeto educacional, dos tipos possíveis de governo. Tudo está relacionado dentro de um quadro geral, de uma estrutura formal, preexistente.

Não é suficiente abrir uma página qualquer e examiná-la sem considerar o conjunto do diálogo. O processo dialético, como é dito no *Sofista*, consiste no exame das partes sem perder de vista o todo. Daí as inúmeras modalidades de efetivação, de modos de dizer do discurso sobre a justiça. Ao responder às objeções do interlocutor, em cada momento é proposto um aspecto ou argumento novo. Observa-se, desse modo, que o uso do termo bem ou bom assume distintos significados, pois, se de um lado o bem é necessário para entender a justiça, de outro a justiça não pode existir sem o bem. É nessa elasticidade e coerência dialética feita de divisões e sínteses que a verdade da questão tende a se mostrar. As ideias ou formas são alcançadas de modo processual nos debates em que as crenças dão lugar à ciência.

Aristóteles, inventor da lógica, sistematiza as questões, define-as e coloca-as numa ordem lógica. Platão abre a questão com uma ou mais indagações, começa examinando as opiniões comuns com o claro objetivo de superá-las e, desse modo, via processo dialético, alcançar a essência da questão, tendo como pano de fundo um horizonte metafísico dado pela ordem cósmica. Portanto, ele enfrenta racionalmente a possibilidade de ver as coisas e o mundo de um modo não usual. Platão parece saber o que o bem é, mas sabe que seus interlocutores o aprendem aos poucos. Primeiramente os homens comuns, isto é, sem ciência, aprendem o que o bem não é, o que a justiça não é, e assim por diante. O primeiro movimento, portanto, é negativo. O segundo movimento, mais difícil e complexo, consiste em definir o que o bem é, o que a justiça é, ou definir qualquer outra virtude.

Além disso, para Platão as virtudes são propriedades das ações e, por isso, ele está interessado em caracterizar o que seja o homem bom, o rei-filósofo e não propriamente o conceito abstrato de bem, de justiça, de sabedoria ou de qualquer outra virtude como a piedade, a coragem e a temperança investigadas nos diálogos *Eutrifon, Laques e Carmides*. Apesar dos pressupostos teóricos e metafísicos de Platão, ele insiste no exame das ações humanas. Sob esse ponto de vista sua filosofia assume uma dimensão ética admirável.

É preciso entender o sentido das tentativas de Platão de definir o bem, a virtude e o fato de elas acabarem em fracasso nos seus diálogos. Isso não é defeito, ao contrário, é parte integrante do método, do processo de aprendizagem. Por isso, é necessário prestar a atenção ao avanço do pensamento, observar o redimensionamento das teses analisadas. Somente assim se pode entender os motivos das relações entre um governo justo com uma constituição justa e uma ação justa com a alma do indivíduo, e, esses aspectos constituintes, com a ideia de bem ou do bom atribuída à ação, ao agir humano. Em *A república*, tanto a *polis* quanto a alma são boas na medida em que todos os elementos funcionem harmoniosamente, cada parte executando seu papel. Quando a ordem social e psicológica é coerente e estável, a justiça torna-se um atributo real e é um tipo de bem. A partir desses procedimentos, em *A república,* não se encontra nenhuma definição de bem, mas o bem dá sentido a todas as ações e instituições e dele se fala de modo direto e indireto constantemente.

Para não ficar apenas mencionando *A república*, é possível, brevemente, recordar que, no *Timeu*, Platão afirma com clareza que a formação do universo e tudo o que devém dele tem como princípio o bom. Nesse sentido, o bem "é o princípio mais eficiente do devir e da ordem do mundo"

(30 a, b). O bem ou o bom é o modelo do mundo físico e dos objetos. O Demiurgo ao ordenar o mundo, "ao tornar as coisas visíveis" e ao fazer passar da "desordem para a ordem" inspira-se no bem (30 a, b). Em termos talvez mais adequados o bem envolve todas as ideias ou formas, é o grande paradigma da ordem do universo, da educação, das condutas humanas, especialmente dos governantes.

É óbvio que a filosofia de Platão inaugura uma espécie de sistematização do pensamento metafísico e, especialmente hoje, isso pode ser profundamente criticado. Inúmeras objeções, aliás, para que o pensamento permaneça vivo, devem ser feitas. Muitas questões propostas por Platão permanecem sem respostas objetivas, entre elas, por exemplo, se o mal também é ou não uma ideia ou forma. Embora esse problema tenha íntima relação com o do mundo das ideias ou formas, já criticado por Platão no *Parmênides* e posteriormente por Aristóteles.

Apesar dessa e de outras objeções, vimos em *A república* o quanto o bem é pressuposto por Platão ao tentar esclarecer a ideia de justiça. O bem é condição ou critério de justiça, sem ele não existem pessoas justas. Entretanto, o justo, além dos indivíduos, refere-se à *polis* ideal (347 d). O bem que interessa à Cidade, mais do que ao indivíduo, é o mesmo bem que ordena o universo, mesmo com as diferentes caracterizações. Assim Platão, num sentido geral, parece comparar a atividade do Demiurgo à função do rei-filósofo. E, nessa perspectiva, o bem ocupa o ponto central da filosofia platônica e faz da ética de Platão não uma ética do dever, mas uma ética apriorística, dogmática, que independe do bem-estar das pessoas.

4

A ideia de justiça

O entendimento do conceito de justiça apontado por Platão pode tornar-se mais claro com a explicitação de pressupostos sobre as características do cenário histórico de Atenas, das noções de morais da época, das formas de governo, das denúncias de corrupção e de outros aspectos sociais e históricos. O conceito de justiça nos textos platônicos ou aristotélicos perde-se no horizonte de expectativas da Antiguidade. A realidade ateniense, após a guerra do Peloponeso e a condenação à morte de Sócrates, padece de doença moral. Há também os sofistas que pregam o relativismo de valores e de comportamento, e as teses platônicas que, conforme diversas interpretações, parecem elaboradas contra as doutrinas dos sofistas. Nesse panorama, o conceito de justiça está entrelaçado de inúmeras variáveis externas e internas ao próprio sistema filosófico de Platão.

Platão na *Carta Sétima* afirma que Sócrates é o homem mais justo de seu tempo. Em *A república*, ao centralizar sua investigação no conceito de justiça, elege Sócrates como personagem central do diálogo que argumenta a favor ou contra e, ainda, esclarece questões propostas pelos interlocutores que representam modos de pensar diferentes. Embora o conceito de justiça seja predominante em *A república*, também em outros diálogos o assunto é referido. Para alguns comentaristas o conceito de justiça é central em *A república* e, sem ele, não seria possível justificar o processo educacional e a proposta de uma Cidade ideal e justa. Já no fim do livro I mostra como alcançar a virtude e repete com clareza e convicção que os homens justos são mais sábios e mais virtuosos que os injustos (352 b, c). A análise dialética avança livro a livro apresentando novos desdobramentos, todavia, sem concluir com uma definição única e absoluta de justiça. Num sentido geral, Platão afirma que não há Cidade e sociedade justas sem o homem justo.

Em *Político* e em *Leis* a concepção platônica de justiça ganha enfoques particulares. Mas é em *A república* que a concepção de justiça desenvolvida, articulada, ganha sentido no exame da constituição da Cidade ideal, da formação moral dos dirigentes e dos guardiões, das formas de governo e da necessidade de educação. Em *Político* o governante e as formas de governo merecem crédito na medida em que se relacionam com a justiça; e nas *Leis* toda a legislação, a *paideia*, a origem e natureza dos governos, as constituições, as virtudes, a educação, a religião, a guerra e os costumes morais tornam-se verdadeiros e adquirem significado quando efetivam uma vida justa.

A definição de justiça

Platão em *A república*, no livro I, busca a definição ideal de justiça. Mas não se trata somente de alcançar uma definição simples e direta, mas de desenvolver o processo que caracteriza dialeticamente as propriedades da justiça, que investiga seus aspectos ao examinar diversas opiniões sobre o assunto. Platão procura definir, no *Lisis,* a amizade; no *Carmides*, a temperança; no *Laques*, a coragem; no *Eutrifon*, a piedade, e em *A república*, livro I, a virtude, conjuntamente com as demais virtudes. O livro I possui um caráter geral e introdutório; entretanto, nos demais livros, retoma a questão do conceito de justiça de modo abrangente, oscilando entre as definições de justiça como virtude moral e ou virtude política, como virtude pessoal e ou como virtude do cidadão vinculado à Cidade ideal.

Para Trasímaco a justiça é a lei do "mais forte", pois quem faz a lei é sempre o mais forte, ela consiste na "vantagem do mais forte e de quem governa". Ele, numa perspectiva naturalista, define a justiça como a vantagem do mais forte (338 c). Sócrates argumenta que essa concepção é imoral, pois os mais fortes podem cometer erros em relação ao que consideram vantagem. Os argumentos socráticos são ilustrados com o exercício da medicina, da pilotagem e do adestramento de cavalos.

Glaucon refere-se à história do Anel de Giges em *A república*, livro II. O pastor Giges, após uma tempestade em que a terra se abriu, encontrou numa fenda um cavalo de bronze, oco, e dentro dele um cadáver com um anel na mão. Posteriormente, na reunião habitual dos pastores, sentado no meio dos outros, descobriu que ao voltar o anel para dentro, em direção à parte interna da mão, ele se tornava invisível, e ao virar novamente o anel para o lado de fora assumia a forma visível (359 a-360 c). A análise dessa história permite a Platão reconhecer que o homem age coagido pela lei e pelos interesses pessoais. Ninguém é justo por vontade própria,

A ideia de justiça **75**

mas por constrangimento, uma vez que os homens tendem a acreditar que a injustiça é mais vantajosa do que a justiça (360 d). Entretanto, Adimanto, mais moderado, quer saber qual o benefício da justiça para quem a pratica, e Sócrates, preocupado em buscar uma definição verdadeira de justiça e não simplesmente uma concepção vulgar, deseja saber quais suas características, não lhe interessando a visão empírica cheia de imperfeições, as corrupções públicas, típicas de uma sociedade dirigida por demagogos.

Polemarco, um dos interlocutores do diálogo, a partir do senso comum, havia definido a justiça como o ato de dar a cada um o que lhe é devido, no sentido de fazer o bem aos amigos e mal aos inimigos ou, simplesmente, como adesão às obrigações sociais. Contudo, Sócrates põe em dúvida essa definição, pois a justiça não é um simples meio para qualquer fim, mas para todas as atividades humanas. Nessa mesma direção questiona as relações entre habilidade profissional e virtude, e nega que justiça consista em fazer o mal. Finalmente, propõe objeções à concepção tradicional e popular de justiça e reconhece as dificuldades de procurar uma definição de justiça a partir das ações.

Sócrates, tendo presente a pergunta: o que é a justiça?, responde dando diferentes afirmações: ela é conhecimento (348 b-350 d), cooperação (350 e-352 b) e felicidade (352 d-354 c). Na realidade, sem entrar nos detalhes dessas respostas possíveis e propostas, em linhas gerais ele concebe a justiça como distribuição equitativa de bens, tendo como critério o dar a cada um o que lhe é devido. Portanto, a justiça nesses termos não é igual para todos, ao contrário, ela é hierarquizada, cada classe deve exercer sua função, suas atribuições. A justiça permite manter na alma e na Cidade a ordem que existe no cosmos e, nesse sentido, ela é a harmonia das outras virtudes. Assim, Platão afasta-se dos sofistas que fundamentam o conceito de justiça na vantagem e nos interesses particulares.

Glaucon e Adimanto, outros interlocutores representantes da aristocracia, defendem a vida justa, criticam a moralidade reinante na época e prestam uma atenção cordial aos argumentos de Sócrates. Ele, por sua vez, procura mostrar que a justiça é preferível à injustiça, que ela é necessária nas sociedades organizadas.

Platão examina igualmente as origens da justiça (358 e-359 c) e sua relação com a Cidade ideal (368 b-369 b). Não só os indivíduos, mas também as cidades precisam ser justas. Esse argumento requer a existência da lei que antecede os fatos e a realidade sócio-histórica. A norma sedimentada nas ideias de bem, verdade e justiça determina as condutas dos governantes e dos cidadãos. Desse modo, torna-se claro que Platão deseja que a cidade tenha uma organização justa, fundada no bem. Assim, em *A república,* a posição de Platão não defende do mesmo modo que Aristóteles, ou seja, de ter a realidade social como ponto de partida, mas parte de um ideal, de uma projeção, embora mais tarde, nas *Leis,* ele assuma uma postura mais realista.

A justiça individual e a justiça na cidade

Para mostrar as relações entre justiça individual e coletiva é preciso considerar a fundamentação dos argumentos expostos nos livros VI e VII de *A república* e, especialmente, na alegoria da Caverna, na qual o jogo entre o ser e o parecer, as sombras e a luz do fogo e do sol ilustram metaforicamente a passagem entre o real e o ideal. Platão interessa-se na proposta de uma Cidade ideal e justa. Aristóteles, ao contrário, articula outros conceitos, assume uma posição realista. Platão parte da existência de uma ordem natural, do modelo perfeito do cosmos. Segundo ele, tudo está orientado para a perfeição; por isso refere-se ao mundo das ideias ou formas puras como imutáveis e eternas, para justificar seus argumentos.

A justiça individual é vista como a harmonia entre as partes da alma, e ela adquire uma dimensão coletiva quando relacionada com as classes da cidade. A tarefa da justiça é a de promover a unidade da Cidade justa e ideal que, por sua vez, depende de governantes filósofos e da educação dos guardiões. Em *A república,* nos livros V, VI e VII, são expostas as bases pedagógicas da formação do verdadeiro filósofo e dos guardiões, necessárias para os governantes e para a defesa e a organização da cidade. Em linhas gerais, o fundamento de tudo reside na superação da opinião (*doxa*), pelo verdadeiro conhecimento (*episteme*) e, ainda, no alcance do bem. O bem é o objeto mais alto do saber. A ele estão ligadas as ideias de belo, justo e verdadeiro. Mas Platão não o define (5006 d, e), diz apenas que o bem não se reduz ao prazer nem à inteligência. Compara-o com o sol que tudo ilumina, apesar de não se poder olhar para o sol, sob pena de ficar cego. O sol, que não pode ser visto, permite-nos ver todas as coisas. Nesse sentido, o bem, o inteligível por excelência, explica e justifica a ideia de justiça. Ele é o critério dos atos justos.

A Cidade justa é aquela em que cada cidadão age de acordo com a classe à qual pertence, isto é, conforme sua virtude. A virtude começa no indivíduo e depende das partes da alma, ou seja, dos princípios da racionalidade, da concupiscência e da cólera. A virtude individual completa-se no exercício da cidadania. As virtudes específicas de cada classe social alcançam eficácia na prática comum da justiça. Nessa perspectiva, a Cidade excelente só é possível com a justiça (*A república*, 434 e). Portanto, a questão-chave para a compreensão da psicologia social platônica consiste no exercício da função de cada indivíduo e de cada classe: o indivíduo justo é o que exerce sua função. Na Cidade justa cada classe cumpre sua função. Nessa concepção, os princípios de hierarquização e de equilíbrio individual e social situam os humanos e sustentam a ordem social e as instituições.

As virtudes de cada um estão articuladas com as três funções ou partes da alma: *loguistikon*, racional; *thymos*, emocional; e *epithymetiukon*, concupiscente. Entretanto, além da virtude específica, todos devem praticar a justiça. Assim, as faculdades da alma são uma espécie de princípios de ação que caracterizam as diferentes classes sociais. Desse modo, deduz-se que as partes da alma correspondem ou fundem diferentes papéis sociais.

A alma concupiscente é aquela que "ama, tem fome e sede, e esvoaça em volta de outros desejos" (livro IV, 439 d). É própria dos comerciantes, agricultores, enfim, dos que produzem instrumentos e trabalham a terra. A essa corresponde a virtude da "temperança ou da moderação". Essas atividades apetitivas correspondem às necessidades básicas da vida, por isso a descrição de Platão não pode ser considerada absolutamente negativa. O que ele preconiza é que a felicidade (*eudaimonia*) necessita de atividades mais elevadas moralmente. Nesse caso, o conceito de necessidade em

A ideia de justiça **79**

relação à vida é fundamental, pois as necessidades podem ser classificadas como nobres ou menos nobres. As mais nobres exigem temperança e justiça. Nesse sentido, Platão retoma o que havia já exposto no *Górgias* ao mostrar claramente que as paixões precisam ser freadas (491 e; 492, a, b).

A alma intermediária e das emoções próprias das pessoas corajosas pertence à classe dos militares, dos guardiões. Caracteriza-se pela virtude da coragem. Mas a psicologia dessa parte da alma oferece aspectos de agressividade, de orgulho individual e outras características que podem se tornar positivas num guerreiro. Em todo caso, para Platão parece que nenhum valor ou virtude predomina, ao contrário, necessita de equilíbrio. Nesse sentido, deve-se considerar o valor ou a função da emoção, dos sentimentos. Assim, como os desejos ou apetites desqualificados próximos da vida animal, as emoções precisam ser dominadas, orientadas.

A alma racional dos governantes possui a virtude da sabedoria. Cabe a eles, por meio da educação, assegurar o equilíbrio entre as classes. O equilíbrio deve primeiramente existir no indivíduo entre as partes da alma, e depois na cidade, entre as classes. As classes não são rígidas como castas, pois é possível alguém passar de uma para outra pelo esforço pessoal e pela educação. O princípio platônico que sustenta sua argumentação é de que a vida deve ser governada pela razão. Em consequência, ele rejeita a vida comum, simplória, animalesca, voltada aos instintos e às necessidades apenas de fazer sexo, comer e procriar, em favor de uma vida de contemplação da verdade própria do filósofo, entendida por ele de um modo diferente do filósofo contemporâneo.

A alma racional é vista por Platão em confronto com a ordem irracional. Mas é preciso notar que o racional platônico possui um caráter estratégico, observam os comentaristas. Cabe à alma racional calcular o que deve ser feito frente às paixões e aos desejos humanos. As três partes da alma supõem três espécies de prazer, cabe à alma racional saber que uma parte é "aquela pela qual o homem aprende", que a outra se irrita e, ainda, que uma terceira caracteriza-se pela "violência dos desejos relativos à comida, à bebida, ao amor" e ao dinheiro (*A república*, livro IX, 580 e, 581 a).

Esse modelo hierárquico de sociedade varia nos diálogos *A república*, *Político* e *Leis*. Em *A república* a visão hierárquica da vida social e política, fundada na ordem do universo, abarca o indivíduo, a Cidade e o cosmos. Por isso, cabe ao rei-filósofo promover a justiça, isto é, a harmonia entre os indivíduos e as classes. Em *Político*, Platão reconhece que é difícil encontrar um governante preparado para exercer sua função, nesse sentido, explica como nasce o tirano, o oligarca, o aristocrata e o democrata afirmando que os homens "recusam-se a acreditar que alguém jamais possa ser bastante digno de tal autoridade para pretender e poder governar com virtude e ciência, distribuindo a todos, imparcialmente, justiça e equidade sem injuriar, maltratar e matar a quem lhe aprouver, em todas as ocasiões" (*A república*, 301 d, e). O Platão experiente, nas *Leis*, recomenda a constituição justa e a legislação mais adequada possível para alcançar a virtude da justiça.

Platão funda a Cidade ideal e justa na moralidade e articula, com argumentos de caráter psicológico e sociológico, as virtudes dos indivíduos a uma classe social, e a justiça, ao atribuir a todos os indivíduos e à organização social da Cidade, como virtude comum e necessária. Assim, ética e política confundem-se numa única realidade. Ao contrário de hoje, e após Maquiavel em *O príncipe*, ter-se rompido essa união. Se na prática a corrupção que invade as instituições se manifesta tanto na Grécia Antiga quanto nos dias atuais, observamos em termos teóricos que atualmente há um deslocamento da indissociabilidade entre ética e política, uma separação entre as questões morais, éticas e políticas.

Se tudo funcionar da maneira prevista por Platão, haverá harmonia entre as partes da alma, e essa harmonia individual automaticamente fornecerá equilíbrio às forças sociais. Cabe aos governantes da cidade "administrar a justiça" que consiste na efetivação da harmonia (*A república*, livro IV, 433 e). A cidade é justa quando cada um e cada classe social cumprem sua função e todos praticam ações justas. Apesar de a posição platônica possuir o mérito de inaugurar um conjunto de reflexões significativas sobre o assunto, atualmente as teorias filosóficas e científicas oferecem outras explicações e justificativas sobre a justiça e sua importância para o desenvolvimento de uma sociedade justa.

O homem justo e o ato justo

A justiça na cidade corresponde à justiça na alma individual. A Cidade ideal e justa corresponde ao indivíduo sábio. Após mencionar exemplos que ilustram as funções de cada um, Platão mostra que a justiça corresponde ao estado da alma dos atos externos do homem. Ele inverte a posição de Polemarco que antepõe a ação justa ao homem justo. Para Sócrates é o homem justo que define a ação justa (*A república*, livro IV). Quem é injusto não pode praticar ações justas, embora a argumentação que defende essa tese não seja tão clara quanto se poderia esperar. A justiça refere-se àquilo que é verdadeiramente o homem, "sem consentir que qualquer das partes da alma se dedique a tarefas alheias nem que interfiram umas nas outras" (443 d, e).

Sobre isso é preciso considerar as posições platônicas em *A república* e nas *Leis*. A constituição e a legislação devem buscar, mesmo quando as leis mudam conforme a situação de cada cidade, a conformidade racional entre a lei e a virtude ética. Assim, as leis corretas são uma forma de educação moral e obedecê-las é uma maneira de alcançar as virtudes.

Somente após o homem "ter posto sua casa em ordem", "possuir autodomínio", "tornar amigo de si mesmo, de ter reunido harmoniosamente três elementos diferentes [...] tornando de muitos que eram uma perfeita unidade", temperante e harmoniosa, ele pode adquirir riquezas, cuidar do corpo, da política, dos contratos particulares, nesses casos chamando justa e bela a ação (443 e). Na realidade, a justiça faz de muitos um só (443 e). A justiça é a verdadeira virtude da alma, e a alma justa é a mais virtuosa.

Para melhor entender isso, Platão descreve a injustiça como o estado em que a alma é submetida à intriga, à ingerência no alheio e à sublevação de uma parte contra o todo (444 b). São estas perturbações, essa escravidão, que produzem a injustiça. A injustiça é a doença da alma. Portanto, a justiça consiste em dispor de elementos da alma, de acordo com a natureza, capazes de dominarem e de serem dominados uns pelos outros. A injustiça simplesmente, contra a natureza, consiste em governar ou ser governando um por

A ideia de justiça **83**

outro (444 d). Os tiranos, como se lê nas *Leis*, desrespeitam as leis e, portanto, não promovem o bem comum.

Em decorrência da justiça como estado de alma, Platão pode afirmar que "há uma só forma de virtude, e infinitas do vício" e que "há tantas formas específicas de constituições quantas podem ser as de alma" (448 c). Assim, as formas de governo têm íntima relação com a natureza da alma humana justa ou injusta. Essa relação entre alma, Cidade, constituição e governo permite a Platão compreender, ao mesmo tempo, as partes e o todo. Desse modo é possível tirar conclusões, por exemplo, de que a ausência de uma constituição adequada impede a efetivação de um processo democrático verdadeiro e permite a corrupção.

Phisis e *nomos*

Platão, em *A república*, após debater as diferenças e as consequências da justiça e da injustiça e de relacioná-las às noções de reputação e honra, mostra que as relações entre norma e justiça são medidas pela natureza. Para ele "cada um de nós não nasceu igual a outro, mas com naturezas diferentes, cada um para a execução de sua tarefa" (370 a, b). O que por direito cabe a cada um, funda-se na natureza. Atualmente, as relações entre direito e justiça são externas e, segundo Hobbes, o direito precede a justiça, ou, conforme Rawls, o justo depende da sociedade, dos critérios de igualdade e diferença. Desse modo, corta-se a circularidade entre norma e justiça proposta por Platão. O pensamento platônico procura para essa relação um fundamento externo. Isso o permite afirmar que a justiça depende de reais condições. O resultado positivo é mais rico, belo e fácil, "quando cada

84 *As origens da ética em Platão*

pessoa fizer uma só coisa, de acordo com sua natureza e na ocasião própria, deixando em paz as outras" (370 c).

A Cidade platônica tem origem no fato de "cada um de nós não ser autossuficiente, mas sim necessitar de muita coisa" (369 b, c). Cada um deve executar seu próprio trabalho, sua função para atender às necessidades básicas de alimentação, habitação e vestuário que dão origem à associação que chamamos de cidade ou sociedade. Platão é minucioso na descrição pioneira da sociedade ao chamar a atenção para as diferentes funções, desde as atividades manuais até as intelectuais, desde as qualidades físicas até as psíquicas, e acentuar nisso tudo o papel da educação com bases teológicas (379 a, b).

Já no seu último escrito, *Leis*, Platão fala da justiça de um modo indireto ao propor uma legislação justa que envolve os deveres do cidadão e do Estado. O ato justo tem relação com as normas, a educação, a religião, o governo, os bens e o cultivo da alma. No livro I, ao classificar os bens, ele inclui entre os divinos a sabedoria, a temperança, a justiça e a coragem. No livro IX estabelece a diferença entre a injustiça e os danos e delitos sob a perspectiva da lei. Ele atribui caráter de injustiça à cólera, à inveja, aos desejos da alma e a outras coisas negativas.

Nas *Leis* Platão reconhece a relatividade das normas jurídicas e, ainda, a necessidade da regulamentação escrita. Também prevê a necessidade de explicar e de justificar a legislação. Em outros termos, torna-se necessário uma constituição. Não há mais lugar para o rei-filósofo capaz de fornecer equilíbrio entre a efetivação do bem e as necessidades sociais. Na realidade, Platão, experiente e idoso, torna-se

A ideia de justiça **85**

mais realista em relação às motivações familiares, sociais e religiosas, e assume postura moderada, mas sempre racional. O papel do filósofo, desde então, mesmo para Platão, é o de guia da sociedade, mas não mais de governo.

Já em *Político,* as normas podem mudar conforme as circunstâncias, nas *Leis,* porém, a regulamentação escrita das normas obedece à necessidade de buscar o equilíbrio entre os desejos e o bem, e o justo. Para Jeannière as leis precedidas de preâmbulos e justificadas "terão como tarefa pôr o legislador de acordo com os cidadãos, do mesmo modo que o bom médico se esforça para convencer o doente" (1995: 128). Por isso, o bem e a justiça pressupõem a obediência a uma constituição.

Nesta altura da exposição é possível apontar que o bem e a justiça são vistos de modos diferentes em *A república* e em as *Leis.* No primeiro texto, a Cidade ideal e justa depende do rei-filósofo. No segundo texto, mais realista, para expressar uma ideia justa, além do governo de um só, temos o governo do povo. E, assim, a organização política pode ou deve acrescentar à inteligência a liberdade e a amizade, para que as duas espécies juntas possam participar (*Leis,* 693 d). Há o deslocamento da autoridade de um para a legislação institucionalizada. A organização política forte, de governantes e guardiões, é substituída nas *Leis* pela realidade das tradições e dos costumes aceitáveis para uma boa convivência. Portanto, a virtude da justiça é pensada e praticada ora segundo um projeto ideal, ora conforme as contingências da vida social. Em um caso a cidade justa pressupõe condições morais e pedagógicas ideais, no outro a justiça depende da legislação imposta pela realidade social e histórica.

A justiça tem relação com a igualdade entre os cidadãos, embora o conceito de igualdade platônico não seja o da contemporaneidade. Trata-se não de uma igualdade ideal, mas que depende das tarefas de cada um e dos méritos, enfim, dos melhores. Nas *Leis*, livro VI, após falar da educação política, da escolha dos magistrados, das eleições e, especialmente, da constituição dos conselhos e muitos outros aspectos da organização social (casamento, celibato, condição da mulher), Platão insiste na diferença entre a igualdade aritmética e a geométrica (*Leis*, 757 c). Só a igualdade geométrica, a que atribui mais honra aos melhores, é a mais justa e conforme a natureza das coisas. Os cargos mais elevados pertencem a quem é mais virtuoso (757 b, c).

A posição de Aristóteles

A concepção de Platão sobre a justiça e a injustiça no debate contra os sofistas é superada por Aristóteles, que não a aceita em seus argumentos, uma vez que eles só se aplicam no sentido particular e pressupõem que as relações sociais sejam regidas pela lei em harmonia com a ordem natural e do cosmos. Para Aristóteles na *Ética a Nicômaco*, livro VI, a justiça é uma virtude da práxis, da ação. Nunca se pode ser justo simplesmente por ser sábio, mas por agir de modo justo. A justiça aristotélica está essencialmente ligada à virtude e, mais ainda, é uma espécie de síntese das virtudes morais na medida em que o critério é o "justo meio" entre os excessos e as faltas.

Em Aristóteles a justiça relaciona-se à legalidade também de um modo diferente ao do platônico. As leis prescrevem o justo, e a juventude precisa ser educada para a justiça.

Elas garantem o espaço social, e, nesse sentido, legalidade e sociabilidade se encontram, embora se possam distinguir uma justiça total, completa e uma justiça de significado particular. Essa última pode ser subdividida entre justiça distributiva e corretiva. Tais classificações aristotélicas diferem das abordagens platônicas em método e conteúdo e alcançam maior eficácia na prática cotidiana e na administração das questões públicas.

Ainda em Aristóteles, a justiça tem um sentido ético e um sentido jurídico. Trata-se de duas formas de condutas. Uma coisa é a simples efetivação de uma ação justa, e outra a efetivação justa de modo consciente e com plena adesão da vontade. Também nesse terreno as distinções aristotélicas abrem novas perspectivas e modos de compreender amplamente o fenômeno da justiça.

5

A formação moral do indivíduo e do cidadão

A proposta da formação moral[1], na constituição da *polis* e da sociedade em Platão, repercute nos dias atuais e oferece um material argumentativo para o exame das relações entre ética, política, governo e sociedade[2]. A questão é ampla e envolve inúmeros aspectos éticos, epistemológicos, psicológicos e sociológicos. Porém, o ensaio limita-se a examinar a formação moral na constituição da *polis* a partir de *A república*, embora *As Leis* e outros diálogos também investiguem o assunto. Na realidade Platão, em diversas passagens de seus

---

1. A expressão formação ética ou moral indica em Platão, como em Aristóteles, prioritariamente formação de caráter. As virtudes na formação moral são qualidades de caráter e não apenas costumes ou hábitos. O conceito de virtude pode ser aplicado à sociedade contemporânea desde que se estabeleçam ou se apontem novas virtudes e não apenas as indicadas pelos antigos.

2. A formação, neste estudo, é sinônimo de educação e de *paideia*, no sentido empregado por Werner Jaeger como civilização, cultura e tradição. Também pode ser entendida no sentido de Hans-Georg Gadamer em *Verdade e método*, como um dos conceitos-guias humanísticos.

textos, estabelece que a formação moral seja um empreendimento pedagógico articulado com a função da lei e a organização da Cidade-estado. As dimensões ética e pedagógica, conjuntamente com as dimensões psicológica, sociológica e epistemológica, justificam a *polis* justa e feliz. O desenvolvimento constitucional parte de uma "explicação da totalidade da realidade" (BRISSON & PRADEAU, 2012: 158).

Alguns pressupostos devem ser mencionados. Entre eles, a necessidade da razão, segundo Platão, de dominar os desejos e as paixões com a finalidade de preparar o homem (ou alguns homens) da *polis* ideal. Igualmente a harmonia do cosmos, como modelo de paz da cidade ou da convivência dos cidadãos, é referência fundamental, pois sem a imagem de um "universo" racional não é possível estabelecer o equilíbrio no indivíduo e entre os indivíduos na *polis*. A alma (o ser humano) e a cidade só podem alcançar o equilíbrio quando a razão impera, e quando os motivos racionais dominarem os irracionais.

Nessa perspectiva, Platão projeta o cenário de uma *polis* idealizada, porém, não necessariamente, utópica. Assim, o justo e o injusto, entre outros aspectos da *arete*, relacionam-se na *polis,* às necessidades básicas que projetam a divisão das funções dos indivíduos na sociedade e que correspondem à formação moral dos seus componentes. De pouco adiantam as normas, os direitos e os deveres, se não há uma formação moral. Mesmo os sistemas penal e policial, para funcionarem, precisam de homens íntegros, portanto, não corruptos, como condição necessária para constituir a *polis* ideal. Aliás, essa concepção de uma formação moral, preparada pela educação, antes de ser um conceito de Platão, faz parte da cultura grega.

Pappas observa que há uma profunda unidade entre filosofia e moralidade no pensamento de Platão, influenciado, nesse caso, por Sócrates (1995: 18). Descobre-se isso em todos os diálogos marcados por uma busca de efetividade, uma vez que a explicitação teórica de conceitos é substituída pelos modos de ser humano justo ou injusto, pelo homem aristocrático, democrático, anárquico ou tirano e não apenas pelas formas abstratas de governo, conforme os livros VIII e IX de *A república*.

Também é possível recordar que os membros da Academia fundada e dirigida por Platão eram consultores políticos e tinham a tarefa de reformar as constituições. Em vista disso, *A república* (e mais tarde *As Leis*) tem como horizonte o oferecimento de uma proposta para resolver um problema real da época de Platão. Nesse sentido, para melhor entendimento do texto platônico seria necessário, ao menos na perspectiva histórica, considerar a vida na Grécia no tempo de Platão. A contextualização histórica, além da análise e interpretação do texto, fornece uma melhor compreensão dos diálogos, como, por exemplo, as questões de *Político* em que Platão parece admitir que todas as cidades estão destinadas à decadência. Nas *Leis*, mais realista, o debate sobre a *polis* toma como referências as cidades de Atenas, Creta e Esparta, cada uma delas representada por diferentes personagens, costumes e opiniões, e, entre os argumentos, destaca-se a educação como condição para alcançar o bem dos indivíduos e o bem da *polis*.

Parece óbvio que na contemporaneidade, em alguns países, especialmente os da América Latina, a ascensão social depende mais da origem familiar do que da educação. Nesse sentido, a questão examinada em Platão é relevante, para

A formação moral do indivíduo e do cidadão **91**

entender a função da formação moral na caracterização da sociedade e do Estado hoje[3]. A reatualização do problema, por isso, não se refere à formação no sentido de uma disciplina específica como a estrutura curricular, de caráter escolar, mas da formação moral como dimensão universal do processo cultural. A questão não se encerra nos limites das ciências da educação, mas abarca o sentido amplo do conceito de formação, conforme exposto por Hegel e Gadamer.

A escolha de *A república* como referência principal deve-se a sua presença na tradição ocidental, pois seus conceitos (categorias) e enunciados continuam sendo objetos de análise e interpretação. Centenas de estudos críticos e diferentes maneiras de recepção da filosofia de Platão estão à nossa disposição. Após os comentários de Aristóteles e Proclo, de Kant e Hegel, o pensamento de Platão serviu para justificar diferentes posições filosóficas e políticas, tais como a do catolicismo e mesmo a do nazismo. E isso, em vez de facilitar, torna complexo o entendimento de seus argumentos.

Para ilustrar essa questão basta citar Popper que acusa Platão de apresentar um programa político totalitário e racista, uma sociedade dividida e fundada em classes (1974:

---

3. As reformas da *polis* apresentadas por Platão em *A república* parecem ter relação com a peça satírica de Aristófanes, *Assembleia das mulheres. A república,* escrita por volta de 375 a.C., além de ser um primeiro esboço de modelo ideal de cidade e sociedade sob o olhar atual, oferece igualmente, de forma pioneira, um esboço de teoria de psicologia social de reforma educativa e das origens sociais e políticas do poder. Alguns de seus temas foram examinados exaustivamente no decorrer da história. Entre eles, é possível citar a teoria das formas, a questão do bem e da justiça, a condenação da arte imitativa, as partes da alma, as formas de governo.

184). No entanto, para um olhar crítico e hermenêutico que considera o horizonte social e histórico da sociedade ateniense, é possível comentar e interpretar o texto platônico buscando, além das contingências teóricas e históricas, o sentido das relações entre moral, educação e sociedade. A posição de Popper, independentemente do objetivo de defendê-la ou de refutá-la, ilustra o problema de leitura e de interpretação dos textos clássicos. A defesa de Platão contra os ataques de Popper foi assumida por diversos autores. Entre os argumentos usados é possível destacar a afirmação de que a filosofia política de Platão é essencialmente moral, isto é, voltada para formação moral dos indivíduos e da organização da *polis*. Para Platão não há uma passagem da política à moral e à religião, pois ética e política articulam-se numa única realidade.

Ainda, nessa breve introdução, é conveniente precaver-se de alguns procedimentos correntes, entre eles, por exemplo, o de ignorar que o pensamento de Platão é anterior às divisões entre as disciplinas filosóficas e científicas. Além disso, seu método dialético não dispensa a análise nem se reduz a um único procedimento. Ao contrário, seus diálogos propõem diferentes processos dialéticos[4]. Mas é fundamental considerar que uma boa dialética, já disse o próprio Platão no *Sofista*, não perde de vista o todo ao analisar as partes (253 c, 254 e). Desse modo, a formação moral, na constituição da *polis* ideal e justa, não pode ser considerada uma questão isolada dos aspectos políticos, pedagógicos e epistemológicos.

---

4. Cf. PAVIANI, J. *Filosofia e método em Platão*. Porto Alegre: Edipucrs, 2000.

A argumentação de Platão em *A república*, livro IV, destaca a busca de definição de justiça (*dikaiosyne*) e das virtudes da temperança (*sophrosyne*), da coragem (*andreia*) e da sabedoria (*sophia*) articuladas com as partes ou funções da alma que, conjuntamente, constituem o fundamento das classes sociais na organização da *polis* ideal.

A justiça é a virtude comum, aquela que permite às demais virtudes desempenharem seu papel. Nesse sentido, dois argumentos podem ser destacados na exposição platônica. Em primeiro lugar, a necessidade de examinar a investigação das ciências que possibilitam a internalização do conhecimento do bem, passando naturalmente pelas virtudes e, em segundo lugar, destacar as etapas do treinamento e das instruções necessárias para alcançar e desenvolver as virtudes em sua função mediadora (504 a, b, c, d, e), (embora Platão não distinga os conceitos de formação e de treinamento como nós o fazemos hoje). Ele faz essa distinção de modo implícito no desenvolvimento do diálogo e na apresentação de seus programas pedagógicos. Platão também não esclarece os inúmeros aspectos envolvidos como, por exemplo, a relação entre o estudo das ciências e o alcance do bem na educação dos guardiões e, mais tarde, dos filósofos. No entanto, é possível concluir que o conhecimento do bem coroará a educação dos guardiões do Estado ideal (GADAMER, 2009: 69). O bem será a meta última da formação do rei-filósofo, peça chave na condução e efetivação da *polis* perfeita.

Mas, precisamos examinar detalhadamente os argumentos platônicos ao projetar a *polis* ideal e justa. A intenção de

Platão de romper a distância entre a pobreza e a riqueza[5], por exemplo, está em conflito com a tripartição funcional do corpo social da *polis* (VEGETTI, 1999: 53), pois a maior parte da população não tem acesso igual à justiça, apesar de ela ser função de todos. A justiça deveria criar condições de oportunidades iguais para todos. A hierarquização das classes sociais dificulta esse acesso. Além disso, as virtudes como sabedoria, coragem e temperança, não são comuns a todos os membros da sociedade. Embora Platão não seja claro em relação à temperança, parece que ela pode ser usufruída tanto pela elite como pela plebe (*A república*, 431 e). A temperança não é como a coragem e a sabedoria que existem cada uma em uma só classe. A temperança é própria dos governantes e dos militares para evitar a opressão dos cidadãos; todavia, ela pertence a cada grupo de modo diferente. Só a justiça é própria de todas as classes e implica uma relação recíproca entre ela e as demais virtudes. Na realidade, a distribuição das virtudes obedece a diferentes critérios de prática de justiça. Se cada classe realiza sua função intelectual e moral dada pela natureza e pela educação, segundo a hierarquia social, a justiça deve naturalmente tornar-se aliada do poder justo, porém não é claro como isso ocorre na vida cotidiana.

Também existe conflito entre as partes da alma e as classes sociais. O conflito entre razão e desejo, mediado pelo

---

5. Sobre a questão dos ricos e pobres, Jean-Pierre Vernant, entre outros autores, em *Mito e sociedade na Grécia Antiga*, examina a luta de classes no contexto social e histórico de Atenas. Investiga os lucros do empresário escravagista, a inexistência de capital industrial, a primitividade das ferramentas e utensílios e outros aspectos da produção relacionados com as práticas religiosas, as festas, os ornamentos militares etc.

A formação moral do indivíduo e do cidadão

ânimo (*thumos*), deveria interferir na organização da cidade; no entanto, Platão introduz a justiça como virtude onipresente, para moderar e buscar unidade na ação justa, porém esse objetivo parece difícil de ser alcançado (443 e). Na realidade, a existência das partes da alma não é suficientemente justificada. Platão apenas aponta a necessidade de elas seguirem uma direção, a da sua função, bem-adestrada em sua base psíquica (PAPPAS, 1995: 107), pois cada parte da alma deverá seguir os preceitos morais para ser justa e feliz. Pappas diz: "Aqueles que têm alma justa, ao comportarem-se de acordo com as normas convencionais da justiça, fazem-no não por adesão cega às normas, mas porque esse comportamento ajuda a preservar a ordem nas suas almas" (1995: 109). Assim, introduz-se um novo conflito entre normas e consciência moral.

Outra dificuldade gira em torno da função das ciências na educação dos guardiões e da possível distinção entre a verdadeira aprendizagem e os exercícios físicos ou treinamentos. A noção de formação moral depende do tipo de educação que cada grupo recebe. Nessa perspectiva, Gazolla afirma que os dez livros de *A república* mostram que Platão não se detém prioritariamente na estruturada cidade justa, mas "na formação de possíveis homens justos" e "ações justas" (2009: 119). A reflexão platônica volta-se mais para a ética como "paradigma para a educação da alma de cada um, *to ekaston*", do que para a política, pois "se não houver reciprocidade entre o modo como a cidade educa a cada um, tendo em vista o que essa pessoa pode e deve fazer", não haverá uma *politeia* justa (2009: 120).

As ações pedagógicas se articulam com a estrutura da alma e a organização da *polis*. Todavia, Platão também não

96   *As origens da ética em Platão*

é claro nessa proposta. As características literárias e dialéticas de *A república* deixam posições e justificativas abertas como a de definição de alma, somente explicitada melhor no *Timeu* e no *Filebo*. Platão limita-se em atribuir à alma três potencialidades que se mostram no agir, na ação. Dessa tripartição decorrem consequências, dentre as quais a da função da educação que consiste na formação de atitudes (hábitos) com o fim de qualificar as diferenças individuais de caráter de cada ser humano. Cada processo educacional visa à função de cada grupo na organização da cidade ou no tipo de governo, portanto, sempre a partir das características da alma e das qualidades de caráter adquiridas.

Desse modo, introduz-se o dualismo da alma entre "a parte que se contenta com a finitude e aquela que aspira ao infinito" (RORTY, 2010: 23) e assim funda-se a tradição onto-teo-lógica da filosofia ocidental, da qual fala Heidegger. Por isso, Rorty, entre outros, critica a tradição platônica que afirma a existência da alma imortal que determina as razões que justificam a formação ética da *polis*. Outras posições filosóficas como as de Stuart Mill, Dewey e Habermas acreditam na ideia de uma formação ética contínua, válida e necessária para se estabelecer um Estado e uma sociedade justa.

A articulação entre as virtudes das potencialidades da alma e o ordenamento social, além do caráter moral, tem como base a psicologia social. Nesse sentido, Platão atribui à *polis* as características da família de sua época. A *polis* é uma espécie de família ampliada. No livro IV, de *A república*, a *polis* é vista como um agrupamento de famílias, portanto, ainda não concebida como entidade segundo as características descritas por Aristóteles na *Política*. A *polis* platônica,

A formação moral do indivíduo e do cidadão **97**

igualmente, é vista em confronto à situação daqueles que vivem no campo, os agricultores, e em relação à riqueza e à pobreza, problemas não resolvidos até hoje. Numa cidade bem-administrada, justa, os humanos são mais felizes, mas, como acima foi indicado, não necessariamente todos têm o mesmo acesso à justiça. E, se para uma cidade ser bem organizada é necessário educar os guardiões, só eles têm o poder de administrá-la bem e tornar os homens felizes (421 a). Nessas condições, "cada classe participa da felicidade conforme a sua natureza" (421 c), apesar da educação dos guardiões ter o dever de fazer a *polis* "crescer na unidade e não na multiplicidade" (423 d).

O projeto pedagógico de Platão abarca o treinamento e a instrução, dois âmbitos complementares na formação dos guardiões (423 e). Há, portanto, uma distinção entre educação propriamente dita e treinamento, modalidades de formação para tornar os homens comedidos e desenvolver padrões morais e condutas adequadas. Relativamente à formação dos guardiões, algumas questões são importantes como a das mulheres, do casamento e da procriação. Para ele "uma educação e instrução honestas conservam e tornam a natureza boa" e "naturezas honestas que tenham recebido uma educação tornam-se ainda melhores que os antecessores, sob qualquer ponto de vista, bem como sob o da procriação, tal como sucede com os outros animais" (424 b). Entretanto, nas *Leis* a educação como instituição pública já não admite a comunidade das mulheres, embora considere a igualdade entre as mulheres e os homens (VII, 804 e, 806 b).

98 *As origens da ética em Platão*

Platão silencia sobre a educação do terceiro grupo, o dos artesãos, agricultores e comerciantes[6]. Recomenda a vigilância em todas as situações, para que sejam evitadas as inovações contra as regras estabelecidas na ginástica e na música (424 b), gêneros, para ele, de forte conotação ética. O simples exercício físico envolve a formação do caráter, o aperfeiçoamento da natureza e, finalmente, a aprendizagem das virtudes e do bem. Mas, não basta o treinamento, é necessária a educação plena para que se realize a aprendizagem do bem. Os jogos e a música, por exemplo, tornam as crianças e os jovens honestos. Nesse sentido, a proposta de Platão abarca desde o caráter educativo da lei até as disposições mínimas de civilidade como "o silêncio que os mais novos devem guardar perante os mais velhos; o dar-lhes lugar e levantarem-se; os cuidados para com os pais; o corte de cabelos, o traje, o calçado, e toda a compostura do corpo e demais questões desta espécie" (425 b).

A sociedade precisa de preceitos, de legislação adequada. Os negócios, os contratos, a regulamentação do mercado, das atividades do porto e até as ofensas e as injúrias, o deixar de embriagar-se, de comer à farta, de se entregar à luxúria e à ociosidade, o uso de remédios, cantilenas, amuletos, enfim, todos esses aspectos da vida social fazem parte da formação

---

6. A noção de artesão envolve na prática inúmeras profissões tais como agricultores, artistas, médicos, comerciantes, construtores navais e outras atividades. São aqueles que trabalham visando seus interesses particulares e, nesse sentido, não *diretamente* políticos. Platão examina desejos, paixões e apetites desses, reconhecendo que nem sempre esses elementos são negativos.

moral e são bases de uma *polis* ideal e justa (425 d; 426 a, b). E essa articulação entre a lei e as virtudes para a cidade se tornar justa precisa do divino. Como diz Ferry, é do divino que fala Platão e não dos deuses no plural, pois "o divino, no fundo, é a ordem do mundo enquanto tal, a harmonia cósmica, que é ao mesmo tempo transcendente aos humanos (exterior e superior a eles) e, entretanto, perfeitamente imanente ao real" (2008: 62). A ética grega em geral preocupa-se com a conduta moral dos indivíduos consigo mesmos e com os outros, e não expressamente com problemas religiosos. Isso não impede Platão de recomendar a edificação de templos, sacrifícios, atos de culto às divindades e aos heróis e, ainda, à sepultura dos mortos para uma adequada formação ética tendo em vista o bem-estar do indivíduo e da *polis* (427 e).

A proposta de Platão em *A república* é completada por outros diálogos. No *Alcebíades primeiro* e nas *Leis,* ele mostra que o projeto pedagógico não se contenta com as letras, a ginástica e a música. É preciso conhecer a própria alma, saber cuidar de si mesmo para poder cuidar dos outros. O eu de que é preciso cuidar é a natureza humana. Ocupar-se de si mesmo implica saber o que são as virtudes, a justiça, o bem, condições necessárias para o bom governo.

Mas essa explicação platônica não satisfaz plenamente, pois como diz Krämer, a passagem das ideias ou das virtudes ao bem não está explícita em *A república*. Platão não define o bem e nem estabelece de modo claro suas relações com as virtudes (1989: 41). Na realidade, ele defende a noção de que a formação dos melhores é de caráter moral e não apenas político. Mas essa tese está esboçada, sem um detalhamento completo.

O mundo psíquico apresenta-se em Platão como base do político e vizinho do ético. A teoria das partes da alma coloca os desejos e as paixões na sua parte irracional. Desde o *Fedon*, as relações entre alma e corpo permitem a Platão considerar a filosofia como uma ascese moral, uma preparação para a morte. Em *A república* Platão propõe um projeto estratégico de condicionamento educativo do sujeito e supera a visão socrática da natureza exclusivamente intelectual da virtude (VIGETTI, 1999: 57). O eu dividido entre as duas dimensões, a do racional e a do irracional, apresenta diversas potencialidades da alma. A primeira é denominada *logistikon* e tem a função de dominar as pulsões irracionais. Em oposição a essa, encontra-se a *epithymetikon* dos desejos puros, das paixões, dos prazeres. Finalmente, a parte do *thymoeides* é a colérica e a do homem resoluto, agressivo. Platão expõe cada parte sempre tendo presente, no processo educativo, a necessidade do predomínio da razão sobre as paixões. Na sua análise psicológica, mostra que "as paixões forçam o homem contra sua razão, ele censura a si mesmo, irrita-se com aquilo que dentro de si o força, e que, como se houvessem dois contendores em luta, a cólera se torna aliada da sua razão" (440 b). Também mostra a multiplicidade de desejos e estabelece distinções entre eles, pois o conceito de desejo é complexo e abarca desde a fome até o prazer, desde os instintos e os apetites até as pulsões. Mas, para Pappas, esta multiplicidade de entidades psíquicas ameaça destruir a teoria de Platão (1995: 111), embora as partes da alma, vistas como núcleos psicológicos, não tenham autonomia. Nesse aspecto, cabe à instrução e à educação harmonizarem as partes, dominarem as forças negativas, fortalecendo a alma e "alimentando-a com belos discursos e ciência, com boas palavras, domesticando-a pela harmonia e pelo ritmo" (442 a).

É óbvio que Platão não concorda com a educação de seu tempo. Daí a necessidade de um projeto de formação ética para constituir a *polis* ideal e justa[7]. Para ele, a "educação não é o que alguns apregoam que ela é. Dizem eles que conseguem introduzir a ciência numa alma em que ela não é existente, como se introduzissem a vista em olhos cegos" (518 b). A educação não é acumulação de conhecimentos, porém conversão[8]. O aprender é uma faculdade inata da alma. Na investigação da aprendizagem, Platão passa da teoria da reminiscência dos diálogos *Menon*, *Protágoras* e *Fedon* para a visão noética de *A república*[9]. Ele compara o aprender ao olho que não pode virar-se imediatamente da escuridão para luz. Do mesmo modo, a alma terá de voltar-se para as coisas perecíveis até ser capaz de suportar a contemplação do Ser, do bem. Assim, a educação consiste no saber orientar-se para a direção certa e nisso podem contribuir os meios criados pelo hábito e pela prática. E o pensar, nesse sentido, tem caráter divino (58 d, e).

---

7. *A república* pode ser lida, na visão de Platão, como uma manifestação contra a decadência da cidade grega. O modelo de cidade ideal descrito por Platão tem como horizonte a cidade real. A crítica à democracia tem como pano de fundo o projeto filosófico de crítica e busca de superação das opiniões em favor da ciência e do bem.

8. A noção de conversão tem relação com o conceito platônico de filósofo. Na realidade, ele está interessado não em conceituar a filosofia, mas em mostrar quem é e o que faz o filósofo. Diversos diálogos examinam a questão, entre eles, *Sofista*, *Político* e *A república*.

9. Cf. PAVIANI, J. "Ética e aprendizagem em Platão". *Hypnos*, n. 27, 2º sem./2011, p. 183-204. São Paulo.

Para justificar a formação dos guardiões e dos filósofos Platão não deixa de fazer recomendações repressivas e militaristas, e de censurar algumas obras, como se pode constatar no Livro III de *A república*. Não nega o valor literário ou estético de Homero e de outros poetas, mas critica a falta de caráter ético, questiona seu conteúdo moral. Coerente com essas posições, afirma na parte final do *Fedro*, que os livros não são o veículo adequado da verdadeira aprendizagem. A aprendizagem verdadeira realiza-se com a oralidade[10]. Não se ensinam as disciplinas, os jogos, a matemática ou a música pelos seus conteúdos, mas com o objetivo de desenvolver a capacidade específica dos que são formados. Por isso, ensinar o processo dialético é mais importante do que a referência aos fatos.

Porém, a dialética não é acessível a todos. A filosofia não é assunto das multidões, embora qualquer pessoa virtuosa possa tornar-se governante. A *polis* ideal abre espaços para os que têm formação ética, embora Platão desconfie "do método socrático de ensino. Sócrates previne Glauco de que o exame filosófico dos princípios morais não se deve revelar aos jovens" (PAPPAS, 1995: 151). Os jovens não têm condições de aprender dialética, pois a transformam em brinquedo, em jogos de contradições até caírem na situação de não acreditarem em nada. Ao contrário, os mais velhos são comedidos e tornam a atividade dialética mais honrada (539 c, d). Assim, a insistência no caráter ético da formação leva Platão a desconfiar ou a admitir que a dialética possa ser

---

10. Sobre oralidade cf. TRABATTONI, F. *Oralidade e escrita em Platão*. São Paulo/Ilhéus: Discurso/Editus, 2003. • PAVIANI, J. *Escrita e linguagem em Platão*. Porto Alegre: Edipucrs, 1995.

A formação moral do indivíduo e do cidadão

corrompida. Se o ensino do filosofar for plantado num terreno inconveniente cairá no extremo oposto (492 a). Quando isso ocorre, a dialética não pode alcançar "a totalidade e a universalidade do divino e do humano" (486 a). Em vista disso, só se pode entregar o governo da *polis* ideal para os aperfeiçoados pela educação e pela idade (487 a, b).

Desse modo, o isomorfismo entre alma e *polis* só pode ser efetivado se tiver prioritariamente uma base moral. O movimento de interação entre as duas esferas depende da experiência psíquica e moral. A *polis* ideal e justa depende da formação de indivíduos justos, de indivíduos que têm o poder necessário de constituir a *polis*[11]. Esse é o sentido da educação que tem o objetivo de levar os indivíduos e, em especial, os guardiões a alcançarem o bem. O ponto de partida está na distinção entre *doxa* (opinião verdadeira) e *episteme* e, em consequência, nos diferentes graus e níveis de conhecimento e, na distinção, a partir da segunda parte da metáfora da linha, entre entendimento e inteligência (513 d). Finalmente, o que transmite a verdade aos objetos cognoscíveis e dá ao sujeito que conhece esse poder é a ideia do bem (508 e).

Platão elabora diversos conceitos e articulações entre eles. Seu pensamento aristocrático, sua atenção especial para com os governantes, posição comum na antiguidade ocidental,

---

11. A constante repetição de *polis* ideal e justa tem razão de ser na necessidade de fundar a cidade na ordem e não nas carências. Platão investiga usando o critério da necessidade e do jogo entre justiça e injustiça. Nesse sentido, também fala de desejos necessários e não necessários e da divisão do trabalho, pois precisa de comerciantes, agricultores, militares e dirigentes. Enfim, nesse processo de ascensão dialética e moral, uma cidade ideal só pode ser justa.

104 *As origens da ética em Platão*

aliás, bem como a divisão da sociedade em classes, exige o entendimento de aspectos específicos. E, nesse sentido, é preciso saber qual das ciências "arrasta da alma do que é mutável para o que é essencial" (521 d). Há uma espécie de hierarquia entre as matérias, pois após a educação iniciar com os jogos, a ginástica e a música, é o estudo dos números e do cálculo que todas as artes utilizam, e todos os modos de pensar (522 c). Platão, ao expor a aprendizagem da matemática, faz considerações: sobre a sensação e os objetos que convidam à reflexão; sobre a grandeza e a pequenez, o inteligível e o sensível, a unidade e a multiplicidade; sobre o que deve aprender o guerreiro e o filósofo; sobre a importância da geometria e da astronomia para os guardiões; e sobre a aprendizagem por etapas ou camadas. E, igualmente, fala do que já se sabe e do que ainda não se sabe, e responsabiliza o Estado pela debilidade e dificuldades de investigação (528 c). Mostra, ainda, numa feliz metáfora sobre a interdisciplinaridade: "as ciências são irmãs uma da outra" (530 d, e). Afirma que o estudo metódico de todas as disciplinas contribuirá para executar o processo dialético entendido como "o prelúdio daquilo que se tem de aprender" (531 e).

Alcançar o processo dialético significa voltar das sombras, numa referência à alegoria da caverna, para a luz e para o sol. A dialética sem se servir dos sentidos, mas só da razão, busca a essência de cada coisa e aprende pela inteligência (*nous*), a essência do bem. Ela chega aos limites do inteligível, como na alegoria se chega aos limites do visível. Para Platão, o método dialético procede por meio da destruição das hipóteses, a caminho do autêntico princípio que é o bem em si. A *episteme* é o conhecimento mais alto que se

A formação moral do indivíduo e do cidadão **105**

pode alcançar, e nela estão envolvidos a inteligência (*nous*) e o entendimento (*dianoia*). A *episteme* ultrapassa a crença, a opinião (*doxa*), que compreende a fé e as conjecturas ou suposições. Em outros termos, o conhecimento da *episteme* relaciona-se com o ser, e o da *doxa* com o devir (534 a).

Platão oferece uma classificação de diferentes conhecimentos com a finalidade de expor o que ele denomina de: processo dialético do indivíduo que sabe encontrar a explicação da essência das coisas e que tem, como meta final, de conhecer o bem em si. A dialética situa-se no alto, "como se fosse a cúpula das ciências". Nenhuma "outra forma do saber encontra-se acima dela", pois ela representa o cume do que pode ser ensinado ou aprendido (535 a). Mas vimos que Platão não define o bem. Só mostra a importância da dialética para alcançar o bem. Emprega metáforas e comparações para expor o método. Compara os olhos da alma, atolados no lamaçal, que podem se dirigir para cima desde que se auxiliem das disciplinas mencionadas (533 d). Seu esforço de exposição é tão consciente das dificuldades de linguagem, de encontrar as palavras adequadas para descrever o que pretende dizer que acaba afirmando que o debate não é "acerca do nome" (533 e). A tradição e Platão nos dizem que não se escreve sobre o bem, pois esse assunto só pode ser desenvolvido oralmente. Ele afirma: "Vamos deixar por agora a questão de saber o que é o bem em si, parece-me grandioso demais para poder atingir meu pensamento acerca dele" (507 e). Em outros termos, o bem não é uma essência, mas está acima e além da essência, especialmente por seu poder e dignidade (509 b).

106 *As origens da ética em Platão*

Nesse contexto é necessário repetir que Platão não concorda com a inferioridade moral e natural da mulher admitida em sua época. Ele diz: "Não há na administração da cidade nenhuma ocupação, meu amigo, própria da mulher, enquanto mulher, nem do homem, enquanto homem, mas as qualidades naturais estão distribuídas de modo semelhante em ambos os seres e a mulher participa de todas as atividades, de acordo com a natureza, e o homem também, conquanto em todas elas a mulher seja mais débil do que o homem" (455 c). Entretanto, os comentaristas leem nessa posição não apenas um elogio à mulher, mas um modo de abolir a família, uma espécie de abolição da vida privada em favor da vida comunitária.

A educação é destinada ao grupo dirigente da *polis* que tem a tarefa de unificar e coletivizar os modos de vida. Assim, a formação dos guardiões, livres dos interesses da propriedade privada e até dos afetos familiares, encontra expressão até no uso da linguagem, pois não terá mais sentido dizer "minhas coisas" vão bem ou mal (463 e). Desse modo, Platão pretende evitar os conflitos de interesses privados, o egoísmo e o acúmulo de riquezas nas mãos de alguns. Todavia, na busca desse objetivo, o indivíduo que não ajuda a criar felicidade e o bem-estar social tende a ser eliminado (407 a). Os individualistas deverão dar lugar a cidadãos íntegros provenientes de diversos grupos sociais ou tribos. A *polis* justa implica que cada grupo tenha sua função específica, mas Platão sabe que isso é apenas o desejável, o ideal. Dá-se conta de que sua aspiração pode ser vista como impossível (450 d). Trata-se de um modelo de observação das lacunas do real. Enfim, a possibilidade de efetivação da *polis* proposta está na formação dos guardiões e especialmente dos reis filósofos. Ele diz:

"Enquanto não forem ou os filósofos reis nas cidades, ou os que agora se chamam reis e soberanos filósofos genuínos e capazes, e se dê a esta coalescência do poder político com a filosofia [...], será possível e verá a luz do sol a cidade que há pouco descrevemos" (473 d, e).

Ao guardião é suficiente adquirir a virtude específica de sua função. O filósofo deverá possuir, além dos diferentes graus de conhecimentos, o conhecimento das formas, dos entes ideais, eternos e imutáveis, iluminados esses pelo bem. O conhecimento do bem é o mais alto grau do conhecimento humano possível e fundamento de toda ação ética e política. Nesse sentido, a constituição da *polis* deixa em aberto a incompatibilidade das virtudes com a questão universal do bem (GADAMER, 2009: 129).

A ideia de bem e de dialética são apresentadas como noções necessárias para fundamentar a *polis* ideal e justa, portanto, sem uma fundamentação mais completa. No livro VIII, após examinar as cinco modalidades de constituição que correspondem às formas de vida humana, descritas com um toque de pessimismo e até de empirismo, Platão volta a insistir no programa educativo, e acrescenta que a *polis* ideal deve ser governada por alguém com formação centrada na filosofia. Desse modo, observa Vegetti dizendo que Platão articula e funda, num só movimento, a ética, a política e a ciência (pedagogia), sob o princípio da ideia de bem que, por sua vez, implica articulação entre teoria e prática (1999: 95).

Platão em *A república* apresenta alguns problemas teóricos; entre eles, o da educação para todos ou só para a elite, as contradições entre a virtude particular, a justiça e a universalidade do bem, os conflitos entre os desejos, as paixões e as razões.

Assim, pode-se questionar conceitos e enunciados, por exemplo, se rei-filósofo não tipificaria uma espécie de totalitarismo político, embora não se possa duvidar de que a formação do rei-filósofo deve ser essencialmente uma formação moral.

Para Platão, as qualidades físicas, espirituais e intelectuais começam com a ginástica (corpo) e a música (alma), depois passam pelo estudo da matemática e da astronomia, até chegar à dialética, e têm como finalidade suprema o bem, fonte de união de todas as ciências e de todas as formas. Finalmente, não é fácil interpretar o significado do rei-filósofo que não pertence à classe dos abastados, pois esses são de outras classes, mas que faz parte dos melhores, no sentido moral.

Outras questões ganham relevância, como a do treinamento (exercícios físicos, música) não ser ainda a verdadeira aprendizagem do bem e a do fato de censurar o conteúdo da poesia para todos. As imitações da poesia e da pintura, em qualquer caso, são postas sob suspeita, sempre por motivos morais.

Platão, como Aristóteles, conforme Gadamer, conhece o problema da teoria e da prática na área da *tekhne* e de sua relação com as regras gerais e a experiência pessoal frente aos fins e aos meios da ação ética e política (2009: 81). A *tekhne* é constituída de uma parte empírica, imprecisa, e de uma parte teórica, isto é, de regras que lhe fornece rigor como no caso da matemática[12]. Nesse sentido, Platão atribui importância à

---

12. *Tekhne* pode designar um conjunto de atividades, desde a medicina até a navegação. Nos primeiros diálogos de Platão *techne* aparece como uma modalidade de conhecimento. De fato, *techne* significa habilidade, dentro de um domínio específico, porém, acompanhado de conhecimentos teóricos para permitir ao profissional um desempenho competente, um saber fazer.

A formação moral do indivíduo e do cidadão **109**

experiência (*A república*, 484 d; 539 e) e à aprendizagem que exige tempo e outras condições como anos de exercícios e de estudo, busca de maturidade, de superação das atividades apetitivas e das paixões, em favor da vida racional. Platão também defende um modo de vida ascético. Finalmente, como diz Nussbaum, é crucial que a educação na *polis* ideal comece com a conversão da alma diretamente da infância (519 a) para que, liberta dos prazeres corporais, pudesse olhar para o alto e não para baixo (2009: 144).

Em síntese, a *polis* ideal é proposta como o lugar adequado para se alcançar o bem-estar, a felicidade. As virtudes são a possibilidade de mediação entre a *polis* perfeita e a harmonia das potencialidades da alma. Daí a necessidade da vida dos cidadãos ser regulada pela austeridade, pela teoria das diferentes competências, pela obediência aos superiores hierárquicos. Pois o que interessa é a felicidade coletiva e não apenas a felicidade individual (TRABATTONI, 1998: 189).

110 *As origens da ética em Platão*

6

Ética e aprendizagem

A teoria da reminiscência nos diálogos de Platão, *Menon, Fedon* e *Fedro,* é relevante para o entendimento histórico e filosófico do fenômeno da aprendizagem e da teoria das ideias inatas de Descartes, Leibniz e Chomsky e do conhecimento *a priori* e *a posteriori* de Kant. Esta teoria platônica evolui e é modificada conforme a leitura dos diálogos. É possível afirmar a hipótese de que ela é substituída no desenvolvimento da filosofia platônica pela teoria da visão noética exposta em *A república* no *Teeteto.* Nesse sentido, o conceito de aprendizagem em Platão ganha complexidade em termos ontológicos, epistemológicos e éticos. O conceito é constituído e desenvolvido por uma rede conceitual que envolve outras noções como imortalidade da alma, conhecimento comum e científico, memória, sensação/percepção. Também não resta dúvida de que a reminiscência é uma explicação mítica mais simples do que aquela que substitui o mundo visível, formado de *eikones* e *eikasia,* pelo mundo inteligível da *dianoia* e da *noesis.*

A exposição da teoria da aprendizagem em Platão reveste-se de algumas dificuldades específicas e próprias das diferentes recepções de seu pensamento. Por exemplo, a teoria das Formas, que ultimamente vem perdendo o lugar de núcleo fundamental da filosofia platônica, parece ser um dos suportes da explicação do fenômeno da aprendizagem. Diversos argumentos, desde a dificuldade de interpretação da noção de *eidos* e *idea* até os problemas postos pelo diálogo Parmênides, levam autores como Sayre, Trabattoni e Santos a questionarem a função e a existência da teoria das Formas. Como consequência desse problema, a investigação do processo de aprendizagem e de sua dimensão ética ou epistemológica torna-se mais complexa e exigente. Por isso, para um entendimento crítico do pensamento de Platão não é suficiente seguir ou repetir os padrões de recepção da tradição. É necessário examinar os argumentos em questão, considerando o universo de aspectos expostos e pressupostos no discurso.

Feitas essas ressalvas mínimas, esse ensaio pretende mostrar as relações e a passagem da reminiscência para a visão noética, salientando, de um modo especial, sua dimensão ética. Os aspectos ontológicos e epistemológicos da questão são relevantes e não podem, sob nenhuma hipótese, ser ignorados, mas a natureza, os efeitos e as consequências éticas são igualmente fundamentais para o entendimento do sentido dos processos de aprendizagem.

As conexões entre ética e aprendizagem, na perspectiva da teoria da reminiscência e da visão noética, constituem-se a partir de um cenário ou de uma situação problemática. Assim, no *Menon*, o cenário gira em torno da busca da definição de virtude e, no *Fedon*, do problema da imortalidade da alma e, ainda, no *Fedro*, da experiência do amor, da retórica e da dialética. Em *A república* o cenário reside na proposta da constituição da *polis* ideal e justa, e no *Teeteto*,

112   *As origens da ética em Platão*

no debate sobre a natureza do conhecimento de base sensível e sobre a natureza da ciência como crença verdadeira justificada. Desse modo, a questão do aprender e, igualmente, do ensinar, nesses diálogos, situa-se também num horizonte de múltiplas dimensões éticas e epistemológicas. Pois Platão investiga o ensinar/aprender tendo presente a aprendizagem da virtude (*arete*), interligada ao conhecimento ora das Formas, ora das essências e do Bem, conforme as tradições órficas e pitagóricas que acreditam na preexistência da alma.

Após a teoria da reminiscência, Platão, em *A república* e no *Teeteto*, propõe a visão noética como a mais alta possibilidade de aprendizagem. Na justificativa entrelaça as dimensões éticas, epistemológicas e ontológicas, portanto, os graus de ser e de conhecer, implicados no processo da aprendizagem e no projeto pedagógico de formação dos indivíduos, dos guardiões, do filósofo e das classes da sociedade, tendo como meta o bem que sustenta a *polis* ideal e justa.

Todavia, é necessário sublinhar que o pensamento de Platão é anterior às distinções entre disciplinas como ontologia, epistemologia e ética. Por isso, priorizar esse ou aquele enfoque requer atenção, para não separar aspectos relevantes da constituição da aprendizagem. O enfoque ético é fundamental, desde que unido à concepção ontoepistemológica. Hoje a aprendizagem é vista predominantemente sob as perspectivas empírica e científica. As reflexões filosóficas sobre o tema são escassas e quase sempre indiretas. Entretanto, a aprendizagem não deixa de ser um processo decisivamente ético e político, com implicações fundamentais no agir e no fazer humanos, (quase sempre) pressupostas nos projetos pedagógicos.

Ética e aprendizagem **113**

Aprendizagem e reminiscência no *Menon*

O *Menon* inicia com as perguntas: É *possível ensinar a virtude? A virtude pode ser adquirida pelo exercício? Pode-se adquirir ou aprender a virtude? Como a virtude aparece nos indivíduos?* (70 a). Essas questões formuladas por Platão no início do diálogo, sem nenhum preâmbulo, de modo abrupto, ressoam até os dias atuais sem respostas satisfatórias. Também de imediato, no início do diálogo, Sócrates responde a Menon com outra pergunta: *Aquilo que eu não sei o que é, como poderei saber de que qualidade é?* (71 b). Desse modo, Platão indaga pela possibilidade ou impossibilidade de conhecer algo antes mesmo de saber o que algo é. Trata-se, é óbvio, de uma questão de profunda reflexibilidade. Mas não é a única vez que Platão assim procede. Num outro contexto, na *Apologia*, Sócrates examina a sabedoria sob o enfoque do reconhecimento da própria ignorância (21 a). Ele declara que sabe que nada sabe. Nesse sentido, sábio é apenas aquele que sabe que não sabe. Aproximadas essas duas passagens dos diálogos, a atitude socrática em relação ao saber e ao aprender envolve circunstâncias significativas para quem deseja compreender com rigor e objetividade a posição platônica. Por exemplo, é relevante entender que Sócrates recebeu uma espécie de missão divina do oráculo no Templo de Apolo de Delfos. Assim, para entender a noção de aprendizagem socrática, também é necessário considerar sua (quase) obsessão da busca da definição de algo, busca que, invariavelmente, nos primeiros diálogos de Platão, acaba em aporia. Mas, se isso é ou não é uma estratégica metodológica de Sócrates, nos diálogos com os interlocutores, ou uma situação autêntica de reconhecimento da ignorância, é um desafio para os intérpretes contemporâneos. Em todo caso, nas possíveis interpretações de significados do texto platônico e das circunstâncias que envolvem esse texto, a questão que merece atenção é a da reminiscência, enquanto modalidade de explicação da aprendizagem. Trata-se de elucidar como é possível o aprender, mesmo que essa questão fique "escondida por trás da máscara irônica de ignorância", nas palavras de Charles Kahn (1996).

No *Menon*, o paradoxo de como alguém pode procurar aquilo que não conhece fica de lado, e, com ele, também, a definição da virtude. O objetivo concentra-se no exame do aprender. E o aprender é considerado um recordar, isto é, algo associado à *anamnese*. Platão escreve: "Visto que a alma é imortal e muitas vezes renascida e visto que já contemplou todas as coisas que há, aqui, na Terra, e lá na morada de Plutão, não há nada que não tenha já aprendido" (81 c, d). Tal afirmação é fundamentada na imortalidade da alma e nas suas sucessivas reencarnações. A *anamnese*, portanto, é um fenômeno que ocorre devido à imortalidade da alma. Se a alma é imortal e sabe tudo desde sempre, o aprender não é nada mais do que um recordar.

Platão argumenta a favor da reminiscência a partir do exemplo do jovem escravo que não possui nenhum tipo de formação. O escravo, examinadas suas condições reais, não possui conhecimentos de geometria, embora conheça a língua grega. Sócrates pede a Menon que observe se o escravo está recordando ou se aprende dele (82 b). O escravo é interrogado sobre uma figura traçada por Sócrates no chão. Sócrates indaga a seu interlocutor: "Vês, Menon, como eu nada lhe ensino, mas só lhe faço perguntas, relativamente a

Ética e aprendizagem **115**

tudo isto? E agora ele julga que sabe qual é a linha a partir da qual se vai gerar o espaço de 8 pés de comprimento. Não é essa a tua opinião?" (82 e). Nessas circunstâncias são feitas as perguntas ao escravo. Desse modo, o processo de reminiscência desdobra-se segundo as perguntas e as respostas e permite a Sócrates concluir: "Portanto, para uma pessoa que está no estado de ignorância, acerca de coisas que não sabe, existem, dentro dela, opiniões verdadeiras, acerca daquilo que ignora?" (85 c). Menon concorda, pois, apesar de ninguém ter ensinado ao escravo, este, ao ser interrogado, adquire conhecimentos dele próprio, com certeza, provenientes de sua alma imortal. Assim justificada a *anamnese*, nessa altura do diálogo, é possível retornar à questão da virtude, e examinar se ela pode ou não ser ensinada e principalmente saber o que ela é ou, ainda, se a virtude é uma espécie de saber. É óbvio que essas questões estão entrelaçadas com o conhecimento da opinião, *doxa,* e com o conhecimento científico, *episteme,* e, especialmente, com a questão epistemológica da crença verdadeira, que será desenvolvida no diálogo *Teeteto*.

Mas, no exemplo da figura geométrica, há um paralelismo entre a linguagem das expressões usadas por Sócrates e as linhas que formam o quadrado. Há uma relação entre o raciocínio de Sócrates, as figuras e os cálculos. Por isso o raciocínio socrático pode ser questionado e reinterpretado. Além disso, o escravo limita-se a responder sim ou não, aparentemente sem realizar operações racionais complexas. Enfim, o exame do exemplo, bem como do que este contém nas entrelinhas, permite fazer uma série de indagações e comentários críticos. É possível, por exemplo, indagar se Sócrates,

116 *As origens da ética em Platão*

com suas perguntas e seus desenhos, não está ensinando ao escravo. Há, ainda, a questão das relações entre linguagem, conhecimento e objetos acrescidos do fato de que possuir uma língua já é uma maneira de saber algo. O escravo não sabe geometria, mas sabe falar a língua grega e isso implica poder responder às perguntas de Sócrates.

Para os comentaristas, essas críticas não esclarecem totalmente a compreensão do texto. As dificuldades provêm da natureza do diálogo que deixa, pelo caminho da oralidade, detalhes que somente uma análise rigorosa pode elucidar. Pressuposta a contingência da leitura do texto, é possível vislumbrar, no processo da reminiscência, um percurso no tempo, um movimento de explicação da aprendizagem. É esperado do escravo um aumento qualitativo de entendimento, conforme as perguntas formuladas. Nesse sentido, observam-se etapas no desenvolvimento da reminiscência, isto é, da passagem da opinião ou da crença falsa para a crença verdadeira. O conhecimento da figura geométrica acabada conduzindo o indivíduo ao conhecimento científico. Assim, pondo entre parênteses a existência imortal ou não da alma, é possível deduzir que a aprendizagem se efetiva a partir de níveis. E eles podem ser resumidos da seguinte maneira: a) da crença falsa para a crença verdadeira; b) da capacidade de entender e de elaborar conceitos para a formulação de juízos ou enunciados; c) do conhecimento preexistente para o conhecimento cotidiano. Obviamente, Platão não é tão explícito. Mas é possível perceber no diálogo o núcleo de níveis e de graus no processo de aprendizagem e, igualmente, descobrir a necessidade de condições ou ambientes para se poder aprender.

Ética e aprendizagem

Aprendizagem e reminiscência no *Fedon*

Preso no cárcere de Atenas, Sócrates conduz o diálogo narrado por Fedon de Elis na presença, entre outros, dos pitagóricos, Símias e Cebes. O tema do debate gira em torno da morte e da imortalidade da alma. Os argumentos estão envolvidos pelas crenças órfico-pitagóricas e pela necessidade de adesão racional às teses em questão, sempre na perspectiva de mostrar a imortalidade. Nesse cenário, Platão retorna à teoria da reminiscência, já apresentada no *Menon* e relacionada com o aprender e o recordar. A novidade é a ênfase dada à relação entre a reminiscência e os objetos sensíveis e as Formas, diante do fenômeno da morte.

O diálogo *Fedon*, um dos mais bem-elaborados literariamente, põe em cena um conjunto de conceitos que serão reelaborados em outros diálogos. Entre os principais temas filosóficos, destacam-se: as articulações entre as Formas e os entes sensíveis; a passagem da *doxa* para a *episteme,* enquanto apreensão das Formas, pela alma, e essas caracterizadas como eternas, imutáveis e idênticas a si mesmas; e a demonstração da imortalidade da alma, justificada pela teoria da reminiscência e pelo destino das almas, conforme o mito escatológico que o diálogo descreve.

Estabelecidas as questões fundamentais do diálogo, ainda é necessário sublinhar os pressupostos da teoria pedagógica platônica. Entre esses pressupostos encontra-se a desvalorização do conhecimento comum (*doxa*), do mundo sensível frente ao conhecimento científico (*episteme*), do mundo inteligível, e a consequente necessidade da purificação da alma, da libertação das contingências do sensível e da preparação do filósofo para a morte.

Entre os diversos problemas de interpretação do *Fedon* encontram-se as questões da concepção da alma (*psyche*), como uma entidade simples, e de outras concepções de alma descritas no *Fedro*, em *A república* e no *Timeu* onde ela é vista de modo mais complexo. Outra questão é a da participação (*methesis*), das Formas entre si e em relação aos entes sensíveis. Uma terceira questão é a do pensamento negativo sobre o corpo humano, corpo/prisão (*soma/sema*), considerado obstáculo para a aquisição do conhecimento inteligível. Todas essas questões incidem no entendimento do processo de aprendizagem concebido por Platão. A possibilidade de aprender, portanto, envolve, desde os primórdios das reflexões filosóficas e pedagógicas, um conjunto de elementos que mostram a riqueza do fenômeno.

Entre as provas de imortalidade da alma, no *Fedon*, uma é a da reminiscência. Platão afirma: "Quando os homens são interrogados por alguém que sabe interrogar convenientemente, eles declaram, por si sós, tudo como de fato é. Ora, com certeza, seriam incapazes disso se não possuíssem conhecimento das coisas, ou não tivesses um senso reto. Mas, se lhes apresentarem figuras geométricas ou coisas parecidas, então é que se manifesta, com toda a evidência, a verdade deste princípio" (73 a, b). Essa afirmação estabelece de imediato a relação com a teoria da reminiscência, apresentada no *Menon*, que faz referência à reminiscência exemplificada na figura geométrica (a questão dos semelhantes, dos iguais sensíveis com o igual), e reproduz antigas teorias, sobre a transmigração das almas, já encontradas em Empédocles, por exemplo. E ainda, embora de modo pressuposto, evidencia-se que a experiência do inteligível passa pela sensibilidade, pela questão da

Ética e aprendizagem **119**

sensação/percepção, examinada no *Protágoras* e no *Teeteto* de maneira expressa. Portanto, só uma leitura atenta dá-se conta de que, na aprendizagem, entrelaçam-se o sensível e o inteligível, embora se atribua toda a primazia ao inteligível. Platão, depois de afirmar que a sabedoria é reminiscência, cita o exemplo dos namorados que, ao verem "uma lira, um vestido ou outro objeto qualquer de que a pessoa por eles amada costuma servir-se", além de reconhecerem os objetos, também veem a imagem da pessoa que os possui. Na continuação da análise dos objetos, Platão introduz a questão da igualdade e da desigualdade, para constatar que "a igualdade existente naqueles objetos não é idêntica à igualdade em si". Mais adiante, introduz o argumento dos sentidos que só sentem particularidades e não a igualdade em si. Na realidade, o ser humano ao nascer já traz consigo o conhecimento do igual, do maior e do menor e de tudo quanto é desse gênero. Por isso, o esquecimento é a perda do que já se sabia, e o aprender é o recordar do que já sabíamos, por meio dos sentidos que nos põem em contato com o mundo e as coisas.

A relação da aprendizagem e da reminiscência pode ser resumida nessas palavras de Platão: "Se é verdade que existem, como de contínuo dizemos, o belo, o bom e todas as essências deste gênero; se a elas referimos todas as percepções dos sentidos como as coisas que já existiam antes e que eram nossas; e, se comparamos com as mesmas as nossas percepções, há de infalivelmente, assim como aquelas essências existem, ter existindo a nossa alma, mas ainda antes de nascermos" (*Fedon*, 76 d, e). Nessa passagem está referida de modo claro a relação da teoria das Formas e a reminiscência, e a consequente explicação do processo de aprendizagem.

120 *As origens da ética em Platão*

Em termos contemporâneos, a reatualização da questão passa pelo conceito de *mente* e sua relação com o cérebro. Se existe o terceiro mundo, como sugere Popper, não mais no sentido das Formas da metafísica platônica, mas no sentido, por exemplo, da teoria dos números, da existência da energia elétrica, da teoria atômica, distinto do primeiro, o mundo material, e o segundo, o mundo dos estados mentais, então isso tem consequências para o fenômeno do aprender. O terceiro mundo é o dos inteligíveis, dos objetos de pensamentos possíveis, das teorias em si mesmas e de suas relações lógicas (1975: 152). Certamente não se aprende os objetos de cada um desses mundos de uma mesma maneira.

Independente da questão da imortalidade da alma, o mundo da consciência ou da mente é muito complexo para ser explicado só em termos teológicos ou biológicos. O fenômeno da aprendizagem implica memória, embora não se reduza a ela. A cognição humana é muito mais complexa do que Platão propõe em seu diálogo. Assim, a teoria da reminiscência talvez possa ser superada pelo conhecimento *a priori* e *a posteriori*, e pelas novas pesquisas sobre a mente. Mas, é óbvio o esforço de Platão de buscar uma explicação da aprendizagem. Talvez seja possível reduzir as Formas a uma tentativa epistêmica de justificação do conhecimento e da aprendizagem. É evidente que Platão parte de distinções (dualismos metafísicos) entre mente e corpo, entre sensação e intelecto, sensível e inteligível, que não podem mais ser aceitas de modo simplório. Seu argumento da reminiscência demonstra que existe uma pré-compreensão do mundo e das coisas como condição fundamental para a efetivação dos processos do aprender.

Platão distingue a formação do filósofo e a formação do homem comum. O filósofo alcança a *episteme*, o conhecimento das Formas; o homem comum vive num mundo inconsciente. Para ele, as Formas estão pressupostas no contato com as coisas. Por isso, no caso do escravo, é necessário que o filósofo o instrua, conduza-o à descoberta da verdade. Daí a função do professor e do método do questionamento. Não da pergunta pela pergunta, mas da pergunta competente para alcançar a definição de algo. Nesse sentido, parece decisiva a passagem (99 a e seguintes) do *Fedon* que se refere metaforicamente à segunda excursão ou navegação em busca da causalidade. Platão confessa que somente depois de ter abandonado os sentidos (da primeira navegação feita com as velas e o apoio dos ventos) e admitido as Formas (da segunda navegação feita com os remos do esforço próprio) encontrou a verdade (100 a). Depois de abandonar a investigação empírica e de admitir a investigação teórica das Formas, o filósofo adquire consciência de sua tarefa.

A relação entre aprendizagem e reminiscência, no *Fedon*, é uma continuação desenvolvida do argumento apresentado no *Menon* que, por sua vez, receberá uma nova complementação no *Fedro* e novos desdobramentos em outros diálogos, como *A república*. Se no *Menon* se explicita o juízo de percepção, no *Fedon* torna-se clara a implicação das Formas no ato cognitivo. Daí em diante, Platão aprofunda as questões do método de aprendizagem (definir por reunião ou divisão ou, segundo Aristóteles, por gênero e diferença) e os graus de conhecimento, tendo presente o objetivo do aperfeiçoamento moral do ser humano.

Aprendizagem e reminiscência no *Fedro*

Platão, no *Fedro,* não pretende explicar como ocorre a aprendizagem, não se detém na prova da imortalidade da alma, embora o mito de *Fedro* sintetize magnificamente a questão da alma. Nele a reminiscência está pressuposta e explica, com maior desenvoltura do que nos diálogos anteriores, a racionalidade humana, em especial a relação entre linguagem, conceitos e juízos (enunciados) e em relação à experiência do amor e da poesia no comportamento humano.

Platão reafirma que a condição humana implica poder compreender o que se denomina Forma, isto é, ser capaz de partir da multiplicidade para alcançar a unidade mediante a reflexão. Dito de outro modo, "é a reminiscência do que nossa alma viu quando andava na companhia da divindade e, desdenhando tudo o que atribuímos realidade na presente existência, alçava a vista para o verdadeiro ser" (249 c). Além disso, Platão, no *Fedro,* apresenta a característica fundamental da alma, o que a faz imortal, o fato de ela mover-se a si mesma, pois "o que movimenta outra coisa ou é movido por outra coisa, deixa de viver quando cessa o movimento" (245 c, d). O corpo que recebe de fora o movimento é inanimado, e animado é o corpo que recebe de dentro o movimento (245 e).

Para ilustrar a natureza humana, narra o chamado *Mito de Fedro* e nele compara a alma "a uma força natural composta de uma parelha de cavalos alados e de seu cocheiro. Os cavalos dos deuses e os respectivos aurigas são bons e de elementos nobres, porém os dos outros seres são compostos. Inicialmente, no nosso caso o cocheiro dirige uma parelha desigual; depois, um dos cavalos da parelha é belo e nobre e oriundo de raça também nobre, enquanto o outro é o contrário disso, tanto em si mesmo como por sua origem. Essa a razão de ser entre nós tarefa dificílima a direção das rédeas. De onde vem ser denominado mortal e imortal o que tem vida é o que procurarei explicar. Sempre é a alma toda que dirige o que não tem alma e, percorrendo a totalidade do universo, assume formas diferentes, de acordo com os lugares. Quando é perfeita e alada, caminha na altura e governa o mundo em universal. Vindo a perder as asas, é arrastada até bater em alguma coisa sólida, onde fixa a moradia e se apossa de um corpo de terra, que pareça mover-se por si mesmo, em virtude da força própria da alma" (246 a, b, c). O mito continua descrevendo a "queda" da alma no corpo, isto é, a perda das asas. Trata-se de uma espécie de "pecado original" da mesma forma que o cristianismo, a partir do Antigo Testamento, explica a condição humana. Enfim, o céu de Platão é a região do supraurânio em que se encontravam as almas e se conheciam as essências de todas as coisas. Outros detalhes são acrescentados sobre a transmigração das almas. O importante é que somente o indivíduo, o filósofo, o que sabe valer-se da reminiscência, atinge a perfeição, e aquele que foi devidamente iniciado nos mistérios (249 d).

A poesia em *A república* é censurada. No *Fedro* a poesia é exaltada juntamente com o amor que se alimenta da contemplação da Forma de beleza. Há diversos tipos de possessões e de delírio. A terceira manifestação de "mania" provém das musas e apodera-se das almas delicadas, despertando-as, deixando-as em estado de delírio e inspirando odes e outras modalidades de poesia. Platão diz: "Quem se apresenta às portas da poesia sem estar atacado do delírio das musas, convencido de que apenas com o auxílio da técnica chegará a ser poeta de valor, revela-se, só por isso, de natureza espúria, vindo a eclipsar-se sua poesia, a do indivíduo equilibrado, pela do poeta tomado do delírio" (245 a, b).

Os níveis de mania ou de loucura vão desde a *mântica*, a dos mistérios, a poética até a *erótica*, sendo essa última a melhor de todas (265 b).

O *Fedro* debate o tema da linguagem, sob a forma de discurso retórico e ligado ao problema da boa e da má escrita, e da relação entre escrita e oralidade. O confronto entre o discurso retórico de Lísias e os dois discursos dialéticos de Sócrates mostra a diferença não apenas técnica entre os discursos, mas também a diferença ética entre o persuadir e o convencer (257 e-259 a). Para Platão, o verdadeiro discurso dialético "precisa ser construído como um organismo vivo, com um corpo que lhe seja próprio, de forma que não se apresente sem cabeça nem pés, porém, com uma parte mediana e extremidades bem-relacionadas entre si e com o todo" (264 c). Mas, acrescenta, é preciso nascer com o dom da palavra para poder tecnicamente desenvolvê-la (269 e). É necessário conhecer a verdade sobre o objeto que se queira falar.

O diálogo *Fedro* articula o tema da retórica e da dialética e da natureza da alma, não deixando claro se se trata da alma individual ou coletiva ou, ainda, da "alma em todas as suas formas" (ROBINSON, 2007: 151), mediante a apresentação de diferentes discursos sobre o amor (*eros*), e sobre a natureza da escrita e a relevância da oralidade. Todas essas perspectivas são importantes para o projeto educacional que tem, como ponto de apoio, a reminiscência.

Ética e aprendizagem

Nem tudo é explícito e lógico na argumentação de Platão. A teoria da reminiscência ou a preexistência da alma não são algo claro. Pairam dúvidas sobre possíveis elementos racionais e irracionais da alma e sobre a parte racional da alma. A exposição intercalada de mitos (*Fedon, Fedro, A república, Timeu*), em vez de esclarecer a questão, mostra sua ambiguidade. Igualmente, não se sabe se a reminiscência das Formas é uma prerrogativa de todas as almas ou se somente das almas dos filósofos.

Em todo caso, a teoria da aprendizagem de Platão tem na reminiscência seu ponto de partida, apesar dos diferentes pontos de vista. Observa-se, no *Menon,* a passagem da crença para o conhecimento científico; no *Fedon,* a relação da reminiscência ao conhecimento das Formas, especialmente do igual, do maior e do menor; e, no *Fedro,* o mito da preexistência e da imortalidade da alma aparece de modo mais detalhado, mas nem por isso mais fácil de entender e de justificar. Em todos esses casos a reminiscência está no centro do processo de aprendizagem e apresenta uma constante dimensão ética.

Aprendizagem e educação em *A república* e no *Teeteto*

Se a relação entre a reminiscência, as Formas e a aprendizagem nos três diálogos mencionados é evidente, em *A república*, Platão ainda argumenta a partir da teoria das Formas, porém sem mencionar a reminiscência. Entretanto, um dos objetivos de *A república* é o projeto educacional da *polis* justa. Nessa altura, Platão parece ter abandonado a teoria da reminiscência, aliás, como mais tarde parece abandonar a teoria das Formas. O que ele deseja continuamente é construir um projeto educacional e, nesse sentido, a hipótese provável está no aperfeiçoamento ou na substituição da teoria da reminiscência pela visão *noética*, como se encontra exposta em *A república*, livro VII. A explicação platônica da aprendizagem nas páginas de *A república* e do *Teeteto* e em outros diálogos posteriores está estreitamente ligada ao problema da passagem do conhecimento comum para o teórico ou científico, e ao problema de alcançar o bem que, para a dialética platônica, manifesta-se sob a forma de inúmeras virtudes.

É comum aos diálogos de Platão propor, para a formação do ser humano, a necessidade de superar a *doxa* em favor da *episteme*, tese apresentada de modo explícito nos livros VI e VII de *A república*. A distinção entre ciência e crença é um pressuposto metafísico. As metáforas da Linha dividida e da Alegoria da caverna ilustram com clareza o caminho que vai da ignorância à sabedoria, caminho que implica sempre um processo educativo. Não se pode passar do sensível para o inteligível sem um movimento ético e pedagógico. Os graus do conhecimento, o da opinião, o sensível; e o da ciência, o inteligível, dividem a linha, localizando na parte superior dela as Formas. A questão da reta opinião do *Menon* é agora substituída por uma apresentação mais complexa do conhecimento.

As metáforas da linha e do sol apontam para o bem como fim ou objeto supremo da vida. O desdobramento dos processos dialético e pedagógico consiste em se libertar do mundo sensível das aparências para alcançar as essências. É preciso abandonar a etapa das imagens (*eikones*), e das fantasias ou ilusões (*eikasia*), próprias do domínio da opinião, para alcançar, primeiro, a *dianoia* (o raciocínio) e,

Ética e aprendizagem **127**

finalmente, a *noesis* (a intuição do bem e das essências), próprio da ciência. O processo é descrito por Platão da seguinte maneira: "O método da dialética é o único que procede por meio da destruição das hipóteses..." (VII, 533 c, d). O método dialético da formação do filósofo pressupõe a superação do procedimento hipotético. Investigação por hipóteses, própria do raciocínio matemático, não nos permite alcançar os princípios. As hipóteses são degraus de apoio lógico. Elas não nos permitem o salto intuitivo para o bem. Nesse sentido, o sol representa a Forma do bem em si. É o bem que transmite a verdade aos objetos cognoscíveis ou o poder humano de conhecê-los (508 e). A luz do sol é a verdade. Assim, a partir do Mito da caverna, a atividade de formação pressupõe diferentes operações da alma que vão desde o abandono das imagens, das fantasias, até o entendimento e a aprendizagem do bem.

A Alegoria da caverna é ainda mais explícita em relação ao papel da educação. Depois de descrever os homens acorrentados no fundo da caverna, iludidos com as sombras consideradas a verdade, Platão interpreta a alegoria (VII, 514 a - 518 a) e constata que a "educação não é o que alguns apregoam que ela é" (518 c), mas a arte de permitir ver o bem. Desse modo, ele propõe uma teoria pedagógica. Mostra o que se pode ensinar às crianças e o que é necessário para alguém se tornar um filósofo. Fala na necessidade do amadurecimento afetivo e intelectual. Fala da necessidade de se "ter agudeza de espírito para o estudo e não ter dificuldades em aprender" (535 b, c). Situa a função dos exercícios físicos e dos estudos de cálculo, de geometria e da dialética e ainda faz observações como, por exemplo, a de que os exercícios praticados à força não fazem mal ao corpo, mas em relação à alma ela nada aprende pela violência (VII, 536 e).

O problema das relações entre os sentidos e o conhecimento, ou entre a sensação/percepção e a crença verdadeira justificada, é apresentado de modo mais direto no *Teeteto*. Platão faz distinções entre *aisthesis* e *doxa*. A *aisthesis* pode ser traduzida como juízo perceptivo. Mas, no *Teeteto*, a ciência ou o conhecimento não é sensação ou percepção nem opinião. Platão também distingue o modo de perceber corpóreo, isto é, com os sentidos do ouvido e da visão e o modo de ver por ela mesma, sem a ajuda dos sentidos. Com o corpo não se apreende as Formas, o ser, o inteligível. A aprendizagem racional ocorre por meio da alma. E, nesse sentido, essa independência da alma em relação ao corpo tem parentesco com o processo de reminiscência, embora o *Teeteto* não examine esse conceito.

No *Teeteto* a questão do sensível e do inteligível toma um novo rumo. Há uma maior aproximação entre a sensação/percepção e o inteligível. A leitura atenta das passagens 159 e 160 aponta características da percepção, única, privada e verdadeira, que mostram uma espécie de fenomenologia do conhecimento sensível, com funções diferentes da sensação/percepção do *Fedon*, e indicam que a aprendizagem do inteligível passa pelo sensível, destruindo, desse modo, o dualismo radical entre sensível e inteligível, próprio da recepção tradicional do pensamento platônico.

Mas, apesar de *A república* e do *Teeteto* não mencionarem a reminiscência, não se pode afirmar categoricamente que Platão tenha abandonado esse conceito, ao contrário, pois a Alegoria da caverna, ao insistir no olho da alma ou simplesmente no ver a luz da verdade e a luz do bem, assume uma maneira de descrever e de explicar, em outros termos, o processo da reminiscência. O relevante são as distinções e as aproximações entre sentidos e intelecto, entre sensível e inteligível e entre corpo e alma. No processo de aprendizagem, a etapa do *nous* revela a capacidade de a alma alcançar a verdade, aprender o bem. O *nous* supera os sentidos, pois ele se situa no mais alto grau de aprendizagem e implica habilidades como o domínio da linguagem, do raciocínio, do cálculo que têm raízes no sensível. Enfim, a noção de reminiscência, acompanhada da noção da reencarnação da alma, pressupõe o princípio de que a verdade está na alma e não nas coisas externas, e isso tem consequência no entendimento e na compreensão da realidade. Contudo, o pressuposto de que a verdade está na alma vale para a compreensão da aprendizagem tanto em relação à reminiscência quanto em relação à visão *noética*.

Assim, se a recepção de Platão não nos permite separar os campos da ética e da epistemologia, é preciso reconhecer que essa unidade de pensamento tem uma forte base no processo ético-pedagógico do filosofar. Sob certa perspectiva, os conceitos de reminiscência e de visão *noética* não se opõem, mas se impõem como explicações diferentes da aprendizagem. Talvez seja natural e adequado imaginar uma mudança no pensamento de Platão. Ambas as explicações pressupõem diferentes estruturas da realidade e diferentes graus de conhecimento. Além disso, Platão, em *A república*, no *Teeteto* e nas *Leis,* parece ter uma resposta para as perguntas que abrem o *Menon*. Especialmente nas *Leis*, livro I, Platão não tem dúvida de que a educação é dos maiores bens que podem ser proporcionados aos melhores homens. Ela pode transformar o ser humano. Não a educação que visa ao sucesso material e ao vigor físico, mas a educação que forma o cidadão perfeito, sob o ponto de vista moral e intelectual.

A questão da aprendizagem é vasta e, em Platão, identifica-se com o próprio filosofar. A aprendizagem assume formas diferentes com a teoria da reminiscência e com a visão *noética*. Além disso, é exemplar em Platão a insistência na dimensão ética da aprendizagem entrecruzada com outras questões como a da linguagem, a do *logos* e a da dialética como partes integrantes da teoria pedagógica platônica.

Nussbaum mostra que Platão desenvolve o projeto de uma cidade ideal para apontar a melhor educação possível que começa, desde a infância, com a "conversão" da alma e a libertação dos prazeres corporais (2009: 144). Finalmente, a aprendizagem é um processo de busca e de aperfeiçoamento ético, e de desenvolvimento epistemológico que não dispensa a *doxa*, ao contrário, torna-a o acesso necessário ao saber. Assim, duas teses podem ser propostas num único enunciado: a passagem do conhecimento sensível para o conhecimento inteligível elevado é concomitante ao processo de formação moral e intelectual.

7

O mistério do mal

É significativo que a questão do mal, entre outras, chame a atenção a partir de diferentes pontos de vista teóricos ou práticos na filosofia, na teologia e na ciência. Trata-se de uma questão capaz de despertar as pessoas da rotina cotidiana e das ilusões da vida contemporânea. Diante do fenômeno do mal no mundo, de múltiplas formas de violência e de corrupção, a primeira curiosidade de todos consiste em indagar sobre a origem do mal no ser humano, do mal físico e moral, do mal que provém de doenças, de desastres naturais, de guerras, de múltiplas formas de violência. Não se trata de uma simples curiosidade banal ou superficial, mas de uma indagação profunda, de uma tentativa de explicar ou, no mínimo, de justificar a existência do mal.

Entretanto, os que tentam explicar a origem e a natureza não conseguem razões convincentes. Na realidade o mal, além de seus aspectos fenomênicos, aparece como um enigma, um mistério. Ele constitui um desafio para a ciência, a filosofia e a teologia.

Portanto, a dificuldade de explicar a questão do mal não é só metodológica, mas de conteúdo, de sentido. A natureza da questão desafia os métodos empíricos e racionais. Mais ainda, se o mal se apresenta como mistério, transforma-se então num desafio instransponível para o entendimento humano. Em outras palavras, o jogo dialético entre o bem e o mal parece estar nas raízes da natureza humana, das culturas e das civilizações, na medida em que essa questão tem íntima relação com o agir e o fazer humanos.

É óbvio que as teorias científicas não explicam enigmas. No caso do mal, suas explicações limitam-se às circunstâncias, aos aspectos externos, às manifestações sociais e culturais. Por isso, as explicações biológicas, psicológicas ou sociológicas e histórias, apesar de esclarecedoras, não elucidam o sentido do mal nem sua presença no mundo e na sociedade. A filosofia e a teologia, a partir de reflexões religiosas e metafísicas, fornecem algumas interpretações associadas às concepções do humano e das relações sociais, ou das relações entre os seres humanos e das forças que os transcendem. Apesar dessas dificuldades, desde as origens da civilização, primeiro com explicações mitológicas e, posteriormente, com teorias metafísicas, algumas respostas parciais surgiram no decorrer da história, respostas questionáveis para os espíritos mais exigentes.

Na história da filosofia encontramos nos autores antigos, no caso de Platão, não uma tematização direta do mal, mas um modo indireto de explicar sua origem e natureza. Nas obras filosóficas e teológicas as referências expressas sobre o mal surgem com autores cristãos como Agostinho, Tomás de Aquino e outros igualmente ligados ao cristianismo. Já na cultura grega a questão do mal é proposta de outra maneira. Por isso, é prudente examinar em Platão, tendo como horizonte a cultura de sua época, como a questão do mal numa perspectiva metafísica assume características específicas.

134 *As origens da ética em Platão*

Platão não assume em relação ao mal o mesmo ponto de vista que apresenta em relação ao bem. Mesmo assim, o leitor atento poderá descobrir em seus diálogos, passagens que se referem ao mal, especialmente em *A república*, livro IX e no *Timeu*. Mas, antes de explicitar a questão é necessário chamar a atenção para alguns pressupostos. Talvez o mais importante pressuposto relativamente a esse tema seja o fato de a metafísica de Platão constituir-se, ao mesmo tempo, como um pensamento filosófico e também teológico. Isso é tão notável que Platão pode ser considerado o verdadeiro criador da teologia. Quanto a esse aspecto também é necessário recordar que Platão concebe a filosofia como conversão. Afirma, entre outras coisas, que o sábio é quem se prepara para a morte e que o bem é a suprema razão da existência de tudo. Em linhas gerais, seus ensinamentos centralizam-se na ideia de bem cuja essência consiste em aceitar, sem nenhuma inveja, a existência da ordem divina, da ordem cosmológica e, nessa perspectiva, o mal aparece negativamente na ausência do bem.

Desse modo Platão estabelece uma relação entre o absoluto e o homem finito, e é sobre essa relação que ele fundamenta a organização social e do Estado, o projeto educacional, a conduta ética. Assim, podemos entender as razões da piedade religiosa em seus escritos, transformar-se no desenvolvimento da virtude cívica. Essa virtude, no Estado ideal proposto por ele, é absorvida pela temperança, pela coragem, pela sabedoria e principalmente pela justiça, que tem como critério a ideia de bem, como se pode ler e interpretar seus textos.

Por isso, a questão do mal em Platão deve ser enquadrada na perspectiva de que o bem é a questão central de seu pensamento. Por isso, ao problematizarmos o mal, ao elegê-lo como conceito e fenômeno fundamental, pode-se hoje tentar descobrir nas entrelinhas dos diálogos platônicos seus traços e efeitos na vida social e individual. Como em outros autores antigos, encontramos em Platão elementos que nos conduzem aos segredos da obscuridade da existência humana, que nos mostram deficiências ou lacunas de sentido que provêm dos limites do cosmos e das contingências do corpo e da alma humanos. Mas, para isso, não é suficiente uma simples leitura para perceber nos mitos de Platão e a partir das ideias que, em traços gerais, o sensível, o corpóreo, o desejo, podem expressar resistência à efetivação do bem na vida prática e à intuição do bem na vida contemplativa. Em síntese, essa falta de perfeição, esses tropeços da harmonia divina da alma e da *polis* podem ser vistos como origem ou condições negativas que originam os males humanos.

A situação de deficiência ou de indocilidade do ser humano tem íntima relação semântica com o sentido de finitude humana, categoria empregada em nossa época sem parentesco evidente com o pensamento grego. Enquanto a finitude contemporânea dispensa a presença de Deus, para os gregos os limites humanos e da matéria com que é feito o cosmos são justificados pela dimensão divina na concepção cosmológica. Por isso, Platão no *Timeu* adota o ponto de vista de que a deusa Necessidade ligada à matéria (o termo matéria aqui é usado no sentido geral e não técnico), cega e inerte, oferece resistência ao ato criativo do Demiurgo. O Demiurgo não cria do nada como ocorre no mito bíblico, mas a partir de algo preexistente que pode assumir uma forma. Mas, o que aqui podemos chamar de "matéria" ou de "caos" resiste ao projeto de organização ou de construção do cosmos. Portanto, o universo físico nasce determinado pelas condições limitadoras da "matéria" com que é feito. Essa determinação ou obstáculo, para nosso argumento, pode ser interpretada como uma espécie de gênese do mal, da mesma forma que o corpo limita os movimentos da alma.

O corpo do mundo, além de vivo, único e esférico, explica os limites do macrocosmo (*Timeu*, 31 a, b; 33 a; 55 c, d), como o corpo do homem limita os movimentos da alma. O Demiurgo utiliza os mesmos elementos (Mesmo, Outro, Substância) empregados na produção da alma do mundo, ele enfrenta a luta eterna entre o imortal e o mortal. Assim, Platão reafirma em *A república* as partes da alma humana: a racional, a irascível, a apetitiva, num escalonamento que vai do negativo ao positivo. Tanto no cosmos como no homem a alma imortal e racional pode sofrer as consequências negativas da alma mortal. Daí a necessidade moral de aperfeiçoamento do ser humano.

Talvez seja possível apontar dois grandes momentos da origem dos males em Platão: um nas condições limitadoras da matéria com que as coisas e o universo são feitos; e outro nas condições limitadoras do corpo humano e nas suas consequências nas partes da alma. Dependendo do predomínio de uma ou de outra parte, o homem aproxima-se mais do bem ou da ausência de bem. Para entender o primeiro aspecto é fundamental a leitura do diálogo *Timeu* e, para compreender o segundo aspecto, os diálogos básicos são *Górgias*, *Fedon* e *A república*.

Mas, antes de distinguir esses dois momentos, é possível recordar que para Platão como para outros autores gregos, os males humanos originam-se dos conflitos entre o sensível e o

O mistério do mal **137**

inteligível, o uno e o múltiplo, a alma e o corpo. Esses dualismos perpassam o pensamento metafísico grego, embora em Platão e Aristóteles a solução deles se dê de diferentes maneiras. Poder-se-ia concluir que, se não houvessem dualismos, Platão não admitiria a existência do mal. Porém, essa hipótese não tem, de fato, sentido diante da realidade histórica. Podemos refletir sobre os argumentos que tentam explicar a questão do mal em Platão a partir de seus textos: a resistência cega e necessária da "matéria" e o pessimismo com que ele vê a relação alma e corpo (o corpo como cárcere ou prisão da alma, expressões de influências órficas e pitagóricas). Essas parecem ser as condições de introdução do mal no ser humano e no mundo. Portanto, a explicação do mal depende da compreensão que se tem do mundo e das relações entre o corpo e a alma, entre o indivíduo e a Cidade ou a sociedade.

Platão distingue em alguns diálogos a alma e o corpo ao mostrar que a alma é imortal, separando-a do corpo. Essa compreensão ligada ao problema das relações entre o sensível e o inteligível perpassa a epistemologia e a ética, e se mantém, em certos casos, até os dias atuais. Mas, tal opção explicativa prejudica a compreensão dos fenômenos do bem e do mal na história da humanidade ou, no mínimo, projeta uma explicação inadequada sobre a origem e a natureza do mal.

Outra modalidade de interpretação dos textos de Platão, talvez, possibilite mudar de rumo na tentativa de compreender o mistério do mal. A filosofia platônica coerente com a dimensão ética e política da organização social aponta a existência do mal nas ações humanas, especialmente na descrição das ações do homem tirânico em *A república*, livro IX. Nesse sentido, pode-se afirmar, sem receio de erro, que os

138 *As origens da ética em Platão*

vícios do homem tirânico representam a manifestação mais radical do mal. Enquanto o homem aristocrático e o rei-filósofo representam o bem, o tirano é o exemplo do mal no indivíduo, na sociedade e especialmente na política.

Platão, ao descrever os atos do homem aristocrático, oligárquico, democrático, tirânico (e não as formas abstratas da aristocracia, da oligarquia, da democracia ou da tirania), insiste na descrição da existência do mal na ação do tirano. Ele descreve de modo cru e radical como nasce o homem tirânico a partir da decadência do homem democrático. Acrescenta ainda que a passagem de um tipo para outro de gestor político se deve à educação, especialmente a educação que os filhos recebem dos pais. Há, portanto, uma relação entre o homem político e sua educação, entre o bom e mau político e a educação.

A educação aparece como um elemento decisivo do aparecimento do mal na sociedade. Sem uma verdadeira educação moral, entendida aqui no sentido que lhe confere Platão, ou seja, uma educação de caráter ético dos cidadãos, não é possível alcançar a Cidade ideal e justa. Nesse aspecto, a justiça reflete o bem, e a injustiça, o mal. A educação produz a efetivação do homem bom, do homem justo e, em consequência, do homem mau.

A ausência das virtudes cívicas significa a possibilidade do mal na raiz das próprias instituições sociais e políticas. O mal não existe, portanto, em si, mas nas ações humanas e na organização social, nos modos de organizar e regular a propriedade, os direitos fundamentais e a formação das pessoas. Como querer o bem se nem todos têm direito à saúde, à educação, à habitação etc.? Quanto mais um regime é

O mistério do mal **139**

tirânico tanto mais ele provoca as manifestações do mal que, em suas múltiplas formas, aflige cotidianamente a sociedade desde os antigos até hoje.

No caso da transformação do homem democrático em tirano, o ser humano transforma-se num ébrio, apaixonado e louco por natureza ou hábito, ou pelos dois motivos (*A república*, 573 c, d). O problema da educação familiar contribui de modo especial quando o pai habitua a igualar-se ao filho e a temê-lo, e o filho ao ser semelhante ao pai e a não ter respeito nem receio aos pais, para ser livre. Mas, além da educação familiar, Platão afirma que o meteco equipara-se ao cidadão, e o cidadão ao meteco e do mesmo modo o estrangeiro (*A república*, 563 a). O mal da tirania nasce de diversos inconvenientes educacionais. Numa cidade-estado tirânica o professor teme e lisonjeia os discípulos e estes têm os mestres em pouca conta, os jovens competem por meio de palavras e ações com os mais velhos. Desse modo, o excesso de liberdade ou a liberdade mal-compreendida escraviza o ser humano. Na prática, Platão mostra claramente que o mal resulta da ausência da educação moral.

Parece evidente que a questão do mal, finalmente, não pode ser entendida de modo isolado, isto é, sem ser confrontada com a questão do bem, com a organização social, e, para os espíritos mais especulativos, com a totalidade do ser. O mal como uma negação supõe a existência da perfeição, o desejo de busca do absoluto. Platão aponta para a aprendizagem dialética da essência de cada coisa. Quem não for capaz de definir com palavras a ideia de bem, separando-a de todas as outras, não poderá conhecer o bem. E quem não conhece o bem não poderá educar as crianças, instruindo-as com palavras racionais, ensinando-lhes o cálculo, a geometria e todos os estudos que precedem o da dialética (*A república*, 534 c, 536 e).

Portanto, a questão do mal, embora não seja tematizada de modo explícito em Platão, apresenta-se a partir de diferentes enfoques. Nessa perspectiva, aproveitando os conceitos de Gabriel Marcel, é possível afirmar que o mal é um mistério. E o mistério, nas palavras desse pensador, cresce na medida em que o investigamos. A pergunta pela origem do mal acaba desdobrando-se reflexivamente num apelo. Conclui-se, em vista disso, depois da leitura atenta dos diálogos de Platão, que existem ações humanas maldosas que podem ser resolvidas com soluções estratégicas, com boa gestão e formação, mas há, igualmente, um resíduo de mal que permanece como enigma e, sob esse ponto de vista, as únicas opções consistem em aceitá-lo ou recusá-lo.

Ainda, na direção do mal como enigma, como limite humano, não é possível deixar de investigar as causas da dor, do sofrimento, da infelicidade, de tudo que é nocivo, da doença, do que é contrário à moral, do que prejudica e faz sofrer os outros. Sem dúvida, cabe à filosofia elucidar o máximo possível essa questão, pois, enquanto ela é a ciência da totalidade do ser, põe em jogo, ao mesmo tempo, a busca do absoluto, da transcendência, dos limites e da contingência humana. Percebe-se claramente esse jogo no pensamento inaugural de Platão, embora hoje não seja possível concordar com todos os termos de sua filosofia.

Em Platão o mal se explica em relação ao bem, o finito em relação ao infinito. É óbvio que existem explicações psicológicas, psicanalíticas, sociológicas do ódio que um ser humano pode ter em relação ao Outro, explicações sobre a existência de guerras, da corrupção, de eventos como a Inquisição, o Nazismo, o Stalinismo etc., mas a filosofia tem a função de ir às raízes e à natureza da questão, isto é, ultrapassar o método empírico. É difícil explicar de modo empírico que o ódio é ausência de amor ou que a vida em plenitude consiste em alcançar o bem. A luta entre a perfeição e a imperfeição humana é permanente, mesmo porque ninguém sabe exatamente os limites do perfeito e do imperfeito.

Apêndice

A função pedagógica da ética em Aristóteles

A *Ética a Nicômaco* de Aristóteles é uma obra fundamental sob os pontos de vista de seu valor histórico e também de suas contribuições atuais. Apesar de, em algumas passagens, ser um texto de difícil compreensão e de apresentar um entrelaçamento de temas, oferece inúmeras possibilidades de leitura e de interpretação. Mas, este ensaio pretende examinar uma dessas possíveis leituras, a partir da hipótese de que a ética aristotélica está associada à formação ou à educação do indivíduo e do cidadão. Parece que está subjacente, ao conjunto dos enunciados aristotélicos sobre felicidade, justiça, amizade, prazer e, especialmente, sobre o discernimento necessário para o agir correto e conveniente, a ideia de função pedagógica inerente ao âmbito do desenvolvimento da moral.

É óbvio que Aristóteles não propõe de modo explícito a relação entre ética e pedagogia. Mas, essa relação, sem dúvida, está pressuposta como algo dado. Tudo indica que a própria filosofia, para Aristóteles, possui uma dimensão pedagógica. Depois de séculos de distinções e classificações, de análises e de interpretações dos textos aristotélicos, é possível retornar à gênese da ética ou moral e mostrar como ela está articulada ao processo educativo. Por isso, sem o objetivo de analisar e de comentar o texto aristotélico em si, relativamente ao conjunto de seus elementos estruturais, o presente estudo pretende, num exercício de reflexão e de interpretação, mostrar como as virtudes morais e intelectuais aristotélicas dependem da educação. Como diz Cenci: "O homem possui apenas a potencialidade para o agir virtuoso; é necessário, portanto, que ele atualize essa potencialidade pelo exercício, enfim, pelo cultivo de hábitos bons e moderados" (2010: 25). Nesse caso, a interpretação, enquanto tal, coerente com o texto original, desenvolve-se nos limites da arbitrariedade interpretativa. Talvez se procure dizer mais do que de fato afirmou o próprio Aristóteles, todavia, o que importa é a explicitação do sentido, deseja-se que o texto diga o não dito. Não se trata evidentemente de uma arbitrariedade negativa e cega, mas reflexiva e que tem em vista a realidade do presente, isto é, a recepção do texto antigo em pleno século XXI.

Aristóteles, na *Ética a Nicômaco* e na *Política,* examina, primeiramente, a ética e a política como duas dimensões de uma mesma investigação e, ambas, como manifestações de uma racionalidade prática, isto é, próprias da *phronesis* e da *politike.* Desse modo, pressupõem-se diferenças de argumentação entre a racionalidade teórica (demonstrativa) e a racionalidade prática. A racionalidade prática ou do discernimento moral ou do juízo prudencial seria algo incorporado ao procedimento dos sábios ou dos homens virtuosos, portanto, procedimento diferente dos efetivados pelos homens teóricos, mas fruto da boa educação.

Outro pressuposto fundamental da ética aristotélica reside na sua concepção do ser humano. Sem entender o conceito

144   *As origens da ética em Platão*

de alma (*psiché*) não se alcança o significado da natureza e da estrutura das virtudes. E a alma, para Aristóteles, tem a parte irracional e a parte racional. Dessa divisão decorre a caracterização das virtudes morais: (coragem, justiça etc.) que definem o caráter da pessoa e as características das virtudes intelectuais: prudência (*phronesis*), sabedoria (*sophia*), que pertencem ao domínio da razão.

Explicitados esses pressupostos, em favor da tese que se pretende examinar, Allan afirma que na perspectiva de Aristóteles "o objetivo do professor ou do aluno não é apenas o de saber a verdade, mas o de melhorar os homens e torná-los mais felizes" (1970: 151). Decorre dessa observação, entre outras deduções, que não cabe à educação apenas teorizar ou desenvolver conhecimentos científicos sobre condutas éticas, isto é, propor regras de comportamento, mas antes esclarecer o sentido ético e político presente nas ações corretas que dependem de diversos elementos envolvidos e definidos racionalmente. Aristóteles é claro ao declarar que a finalidade consiste em tornar bons os homens (*Ética a Nicômaco*, livro I, 2). Embora o conceito de bom ou de bem possa mudar com as épocas e as culturas, não há dúvida de que as ações que praticamos têm um objetivo ou finalidade que depende, em grande parte, de a educação determinar o que é esse bem.

Antes de prosseguir na busca da função pedagógica da ética em Aristóteles, objetivo que não deve ser confundido apenas com a procura da dimensão ética da pedagogia, é necessário insistir que a leitura e a análise dos textos clássicos podem considerar, de um lado, seus enunciados e conceitos gerais e, de outro lado, as conexões e os detalhes que envolvem esses enunciados e conceitos. Assim, a análise e a interpretação da *Ética a Nicômaco*, como qualquer texto clássico, oferecem dificuldades específicas de compreensão e interpretação. Por isso, diante das possibilidades de leitura, o presente estudo chama a atenção para a função pedagógica da ética de Aristóteles, isto é, para o fato de que o homem virtuoso ou excelente adquire a *arete* mediante a educação. Trata-se de investigar o elo original entre a educação ou a formação, e a prática do bem-viver. Aristóteles não é um filósofo contemporâneo que tem diante de si alguns dualismos consolidados como filosofia e ciência, ética e política, pedagogia e ética. Nesse sentido, ele não precisa mostrar explicitamente as relações entre educação e moral, pois não existe esta separação para a concepção aristotélica.

Aprende-se o saber ético, a prática moral. Para isso é necessário explicitar em relação ao estilo aristotélico, distinto do platônico, voltado para o mundo ideal, que o processo ético aristotélico é algo familiar ao indivíduo, próximo de suas opiniões cotidianas e naturalmente conforme a busca humana do bem-estar e da felicidade.

Toda ação tem por objetivo determinado fim ou bem. A felicidade do ser humano é o bem supremo. Todavia, não é claro em Aristóteles se o bem supremo é único, se consiste na felicidade (*eudaimonia*), na atividade própria da vida contemplativa ou se existem diferentes graus de bens. Na *Ética a Nicômaco*, livro I, a dificuldade começa quando se tenta chegar ao consenso sobre qual tipo de vida humana poderá ser *eudaimonia* (*Ética a Nicômaco*, livro I, 7, 1097). Mas, independentemente dessa questão, cabe ao educador, depois de distinguir as virtudes intelectuais das morais, perceber que ambas as virtudes resultam da aprendizagem e pressupõem, ao mesmo tempo, o conhecimento das regras corretas e verdadeiras e, ainda, do discernimento adequado para aplicar e realizar essas regras. O conhecimento científico não é suficiente em termos do bem-viver, pois igualmente é indispensável saber escolher, decidir ou deliberar, enfim, discernir sobre os meios necessários para agir e para alcançar os fins.

As virtudes morais próprias da alma sensitiva quando se referem aos impulsos, paixões, pulsões etc. são irracionais. Quando seguem o ideal da justa medida, elas são racionais, pois nelas participa a razão. Elas são adquiridas pelo exercício permanente e desenvolvidas pelo hábito. Portanto, essa busca das virtudes éticas é uma atividade educativa. Elas não acontecem por natureza, mas pelo esforço, pela formação, pois as virtudes são disposições das deliberações do agir correto. Nesse sentido, a educação tanto pode ser para o bem como para o mal. Os atos humanos mostram quando um homem é virtuoso ou não. A educação implica um agir consciente, deliberado e fundado numa disposição moral, pois é a deliberação racional que justifica e explica as escolhas ou decisões.

Aristóteles não concorda com o intelectualismo de Sócrates de que basta conhecer a virtude. O conhecimento teórico precisa ser completado pelo saber agir, e o saber agir é próprio da *phronesis*, da prudência, da capacidade de discernimento. A *arete* pode ou deve ser investigada em sua natureza, gênero e diferença específica e como ela é adquirida (1102 a 6). Nesse sentido, a virtude enquanto adquirida ou modalidade de aperfeiçoamento do ser humano é sinônimo de educação, pois educar também é buscar, por

Apêndice **147**

meio do hábito, o aperfeiçoamento. Por sua vez, esse conceito de hábito reatualizado pode ser examinado na perspectiva das habilidades e competências postas como objetivos e metas do ensino. Mas, além disso, a educação também supõe desenvolver a reta razão própria do ser humano prudente (1103 b, 33-34). Assim, a *arete* ética, explica Ursula Wolf, "só ocorre plenamente quando exercida juntamente com uma deliberação; mas a deliberação, por seu turno, é o exercício de uma *arete* dianoética, a *phronesis*" (2010: 144). Desse modo, do entrelaçamento desses aspectos, é possível derivarem-se as bases de uma teoria da educação que implica uma educação informal, derivada do hábito, da espontaneidade e da experiência, na esfera das virtudes morais, e uma educação formal proveniente da instrução ou da atividade pedagógica, própria das virtudes intelectuais.

O que caracteriza o meio-termo é a razão correta, *orthos logos*, própria do homem prudente, daquele que tem o verdadeiro discernimento. Nesse sentido, Aristóteles esclarece a distinção entre fazer e agir, entre o produzir algo e o agir ético que implica o saber deliberar. Embora o deliberar seja um conceito difícil de entender em Aristóteles, pois ele não deve ser confundido simplesmente com a decisão da vontade no sentido moderno, pois ele se refere à conquista da felicidade, do bem-viver, portanto, aos meios e, a partir das interpretações de alguns comentaristas, indiretamente também aos fins que, na perspectiva aristotélica, é sempre meio para o fim último. Wolf (2010: 152) comenta que a *phronesis* "é mais restrita que a deliberação, pois o conceito de deliberação é empregado por Aristóteles de tal modo que seu objeto abrange todo o âmbito daquilo que pode ser influenciado pela ação, ao que pertencem também as deliberações da *tekhne* sobre os meios para determinados fins". Wolf ainda acrescenta que "a *phronesis* é igualmente mais ampla que a deliberação", pois ela "tem a ver também com a apreensão do fim, quiçá tanto com a apreensão do bem geral como com a formulação da *proairesis* concreta" (2010: 152 e 153).

O ser humano prudente, para Wolf, possui uma espécie de percepção, não no sentido de uma intuição ética específica, mas no sentido de que "concebe a adequação da ação à situação" e como contribuição para a realização humana (2010: 166). Embora não se tenha um conceito claro de *phronesis,* não resta dúvida de que essa modalidade de saber é própria também da ação pedagógica e da ação científica enquanto procedimento, na medida em que implica juízos, escolhas de alternativas no agir e no fazer, dois momentos distintos, todavia inseparáveis.

Esses múltiplos aspectos da questão, derivados do método aristotélico de definições e classificações, mostram as múltiplas implicações presentes nos processos de decisão e de ação. Aristóteles procura nos oferecer uma caracterização da felicidade e do prazer, da virtude e do vício, distinções úteis e adequadas à pedagogia contemporânea. Hoje temos a tendência de confundir felicidade e sucesso com prazer. Já para os antigos a felicidade é fim e o prazer é meio. Assim, para Aristóteles, a virtude moral diz respeito a prazeres e dores (1104 b 8-9). O prazer acompanha a ação, é concomitante à ação. Zingano mostra que a virtude moral está umbilicalmente vinculada ao prazer e à dor, no sentido psicológico e não físico (2008: 107 e 108). E é nesse sentido, sobre esses sentimentos pertencentes à parte irracional da alma, que poderá atuar a virtude intelectual da *phronesis*.

Apêndice **149**

Outro aspecto importante é a relação entre virtude moral e experiência. O projeto educacional atual atribui relevância à experiência. Para ilustrar isso, basta citar John Dewey que, em *Experiência e educação,* afirma que há "conexão orgânica entre educação e experiência pessoal" (1971: 13). Aristóteles também atribui à experiência função relevante na execução da ação que, por sua vez, também depende do conhecimento científico. Tal importância dada à experiência tem relação com o princípio de que o ser humano realiza-se na ação e não na produção. Dito de outro modo, o fazer implica o agir e só a prática de ações justas nos torna justos. Marcelo Perine, em *Quatro lições sobre a ética de Aristóteles*, explica que o "propósito do homem não é a *produção (poesis)*, mas a *ação (práxis)*, porque a ação não encontra sua perfeição no produto, mas nela mesma" (2006: 83). Devem-se distinguir os atos virtuosos dos atos das artes (*technai*). Ambos exigem perícia, exercício repetido, todavia, na arte importa o produto e nas virtudes o modo de executar a ação.

Os bens humanos resultam da ação. O sujeito é, em grande parte, o resultado de seus atos. E a ação educativa, enquanto processo natural, social, político, encontra seu chão na família e na cidade (sociedade) antes mesmo da escola. Educar é essencialmente um modo de agir e todo agir implica uma dimensão ética. Por isso, a educação depende do desenvolvimento da sensação (percepção), também comum aos animais, mas, segundo Aristóteles, ela depende também do desenvolvimento do intelecto (pensamento) e do desejo, atribuições específicas dos humanos.

Zingano, em seus comentários, explica que na psicologia antiga a parte desiderativa comporta três casos. O primeiro tipo de desejo relaciona-se ao impulso; o segundo relaciona-se ao agradável, ao sexual; e o terceiro ao querer próprio, aos seres dotados de razão, pois é "desejo que se engendra envolvendo considerações e expectativas racionais [...]" (2008: 88 e 89). Sem dúvida a relação entre desejo e educação é outro aspecto fundamental para pensar os processos de aprendizagem, todavia pouco estudados fora do âmbito dos estudos psicanalíticos.

Perine mostra que o "homem é o princípio de suas ações e que a decisão razoável é o ponto de união do intelecto com o desejo" (2006: 84). A ação excelente ou virtuosa pode ser natural ou em senso estrito. A virtude moral, portanto, não é dada ao homem por natureza nem contra a natureza, mas por hábito, e o hábito é dado pela educação. Aristóteles diz: "Da mesma forma que na parte de nossa alma que forma opiniões há dois tipos de qualidades, que são o talento e o discernimento, na parte moral também há dois tipos, que são a excelência moral natural e a excelência moral em sentido estrito, e esta última pressupõe discernimento" (*Ética a Nicômaco*, livro VI, 13, 11, 44). Aristóteles ainda acrescenta que a virtude moral não é apenas disposição consentânea com a reta razão, pois ela é a disposição em que está presente a reta razão e o discernimento é a reta razão relativa à conduta. Em outra passagem, Aristóteles diz: "Nem por natureza nem contrariamente à natureza a excelência moral é engendrada em nós, mas a natureza nos dá a capacidade de recebê-la, e esta capacidade se aperfeiçoa com o hábito" (*Ética a Nicômaco*, livro II, 1103 a 18ss.).

A relação entre educação e hábito pressupõe, como vimos acima, a distinção entre duas espécies de excelência ou virtude: a intelectual e a moral. A excelência intelectual nasce e desenvolve-se devido à instrução que, por sua vez, requer experiência. A excelência moral é produto do hábito. Daí a presença fundamental do processo educativo na formação ética. Aristóteles argumenta: "As coisas que temos de aprender antes de fazer, aprendemo-las fazendo-as" (*Metafísica*, livro II, 1103 b). Contra o intelectualismo socrático, para Aristóteles, aprende-se algo fazendo algo, por exemplo, música tocando música, agir moderadamente agindo de modo moderado. Eis, portanto, ainda outro aspecto que pode ser examinado no esclarecimento dos processos de aprendizagem.

Diante disso, a função pedagógica da ética aristotélica manifesta-se na vida social e política. Surge da vida em família e da vida na cidade. A educação moral situa o homem além do animal e aquém dos deuses. Em outras palavras: torna-o humano. Por isso, Perine mostra que educar o cidadão é (a) "habituá-lo a discernir os aspectos relevantes das circunstâncias particulares para a realização do que é melhor naquela circunstância". Também mostra que é (b) "habituá-lo a relacionar, por meio do raciocínio, seus bens com um conceito do que é bem em geral, formulado nos costumes e nas leis da cidade". É, ainda, (c) "torná-lo capaz de reconhecer seus bens entre as atividades exigidas em cada circunstância para o desempenho de alguma função na cidade". E também (d) "fazê-lo capaz de raciocinar a partir dessa concepção do bem geral para concluir sobre qual bem" deve escolher. Por fim, é (e) "habituá-lo ao exercício da virtude da *phronesis*, que consiste no hábito de decidir, nas circunstâncias concretas a partir de modelos do bom e do melhor que lhe são a sabedoria e as leis" (2006: 85).

Nessa análise é preciso sublinhar novamente a importância da noção de *phronesis*, sem dúvida, um dos conceitos básicos da teoria ética aristotélica. Apesar das dificuldades de tradução desse conceito para a língua portuguesa, ele pode ser traduzido por sabedoria prática, prudência, capacidade de discernimento. Entretanto, permanece óbvio que traduzir o termo não é necessariamente traduzir a concepção aristotélica. Nesse aspecto, para a pretensão de exame da função pedagógica da ética, é preciso dar-se conta de que o espírito analítico de Aristóteles, ao inaugurar os procedimentos lógicos da definição, da argumentação e da demonstração, exige um conjunto de notas e de observações que, aos poucos, podem tecer a riqueza do conceito. Feitas as ressalvas, a teoria da *phronesis* pressupõe que todas as atividades humanas visem a um bem, que a virtude ou excelência é um estado habitual que dirige a decisão em relação ao justo meio frente à norma moral e que o justo meio está no agir conforme a reta regra. Nesse contexto, a *phronesis,* como virtude ética, depende da natureza da norma, pois o justo meio depende do agir ordenado pela reta regra. Portanto, cabe à *phronesis* esclarecer e apontar o justo meio.

Aristóteles, no livro VI, depois de demonstrar que a ação moral é determinada pela sensação (percepção), pelo intelecto (pensamento) e pelo desejo, e, ainda, depois de mostrar que a causa (ou princípio) da ação é a deliberação, afirma que a função da *phronesis* é a de articular os meios e não os fins da ação. Daí a relevância da *phronesis* no desenvolvimento da função pedagógica da ética. Embora, para as teorias éticas contemporâneas, tal observação cause estranheza, pois hoje, em especial, com as contribuições de Jürgen Habermas, distingue-se a racionalidade instrumental da racionalidade comunicativa. Mas, ainda para aprofundar a questão, é possível afirmar que para Aristóteles o fim da ação é posto de tal modo que ele, quando pensa nos meios, já tem presente os fins, apesar de nem todos os comentaristas concordarem com essa interpretação.

A relação da *phronesis* com os meios e os fins da ação é uma questão polêmica e obscura na *Ética a Nicômaco* (1144 a 6-9; 1145 a 4-6). Todavia não resta dúvida de que Aristóteles é o primeiro a distinguir tipos de racionalidades (o silogismo científico ou demonstrativo, o dialético, o erístico, o retórico etc.), e disso resulta que o saber prático nada mais é do que uma forma distinta de saber teórico, pois ele também requer conhecimentos. Enquanto Platão em quase todos os diálogos procura superar a opinião (*doxa*) em favor da ciência (*episteme*), Aristóteles valoriza a opinião e faz da *phronesis*, não uma ciência teórica ou contemplativa, mas um saber prático que dirige a ação pelo conhecimento do singular e dos meios e do fim. Por isso não é dizer demais quando se afirma que a *phronesis* é, ao mesmo tempo, uma virtude ética e uma virtude pedagógica.

Entretanto, as relações entre *phronesis* e educação devem ser entendidas de modo lato, pois a educação lida com vários tipos de conhecimentos ou saberes. O processo educativo, em todos os seus níveis e graus, implica diferentes formas de saber. Apesar das distinções aristotélicas abrirem perspectivas notáveis para entender o processo educativo, os processos educativos visam à educação para a ciência, mas também à formação de valores, crenças e hábitos. Aristóteles distingue a *techne*, arte, o saber produzir e a *phronesis*, o saber agir e, ainda, a *episteme*, o saber pelas causas, e o *nous*, o saber pelas causas últimas ou divinas e, finalmente, a *sofia*, uma espécie de degrau último do conhecimento humano. Mas, as distinções aristotélicas não são simples nem lineares. Há nelas sutilezas que precisam ser bem-observadas. Por exemplo, a *phronesis* é conhecimento do singular, acrescido de experiência. Nesse aspecto, ela não se confunde com *sophia* nem com *episteme*, mas não está destituída totalmente de racionalidade, apesar de exigir o tempo da experiência, a maturidade que se adquire com o passar dos anos. Em síntese, para Perine "a virtude moral torna reto o fim e a *phronesis* torna retos os meios" (2006: 33). O próprio Aristóteles, respondendo a algumas objeções, observa que a sabedoria filosófica e o discernimento devem ser dignos de escolha, porque produzem a excelência das duas partes respectivas da alma ou da mente. Ele afirma: "A função de uma pessoa se realiza somente de acordo com o discernimento e com a excelência moral, porquanto a excelência moral nos faz perseguir o objetivo certo e o discernimento nos leva a recorrer aos meios certos" (Livro VI, 1144 a 6-9).

Ainda, para entender a dimensão pedagógica da ética aristotélica, é igualmente importante entender a distinção entre *phronesis* e habilidade. O discernimento pressupõe qualidades naturais, mas ele não se reduz a elas. Os objetivos do ensino de formar cidadãos e profissionais com conhecimentos e com habilidades e competências, não podem reduzir a capacidade de discernimento ou de juízo prudencial a simples conhecimentos nem a simples habilidades. Em vista disso, talvez se possa situar a *phronesis* entre os conhecimentos e as habilidades num nível específico, na medida em que

Apêndice **155**

o discernimento orienta o sentido ético no uso dos meios e dos fins, isto é, das habilidades e competências que envolvem o agir e o fazer.

Ainda em relação à unidade entre *phronesis* e experiência (*empeiria*), é necessário registrar a relevância do tempo, entendido por Aristóteles como mudança. A aprendizagem ocorre no tempo e resulta, quando efetiva, em mudança. Nesse aspecto, o discernimento também necessita da experiência do tempo aliada ao conhecimento, para se afirmar como qualidade. Portanto, *phronesis* e experiência, deliberação e ação, são elementos que caracterizam qualquer processo de aprendizagem e caracterizam a conduta ética como processo de aprendizagem, em especial quando a boa decisão, a decisão virtuosa ou moral, não depende, como vimos acima, da natureza, mas do hábito e da educação. Perine afirma: "A indestrinçável solidariedade entre tempo e alma é o que possibilita a educação e a formação de hábitos, as quais fazem o homem, na sua relação com as coisas mutáveis, transcender as fronteiras da animalidade, sempre fixas no presente. A criança, diz Aristóteles, supera o estado animal pela educação, isto é, pela formação de hábitos e pelo ensinamento que lhe entra pelo ouvido" (2006: 40).

Assim é possível concluir que a dimensão pedagógica da ética aristotélica tem presente o que a ciência não basta, para se ter decisões e ações educativas plenas. Já a *phronesis* implica conhecimentos racionais e desejos para lidar com aspectos universais e particulares das situações pedagógicas. O desejo faz parte do processo decisório próprio das ações pedagógicas. Diante disso, pode-se observar que a *phronesis* possui alguma semelhança com o juízo reflexivo de Kant, o qual supõe afirmar o particular a partir do universal dado (determinado) ou a partir do universal idealizado, isto é, proposto pela reflexão. Na perspectiva kantiana, presente na introdução à *Crítica da faculdade do juízo*, o juízo em geral é a faculdade de pensar o particular como contido no universal. Se o universal é dado, o juízo é determinante, se o particular deve ser encontrado, elaborado, o juízo é reflexionante (1995: 106). Tal caracterização do juízo refletivo pode ser, ou de fato seja, a única fundamentação dos processos de avaliação. Nesse caso, toda avaliação pedagógica pressupõe um juízo reflexivo ou um juízo prudencial.

A atividade educativa nunca é puramente teórica, ela envolve decisões e ações, de bases éticas e técnicas, nem sempre expressas. Cursos são programados, programas de aprendizagem são propostos, muitas vezes sem consciência plena dos objetivos, da natureza e da finalidade da ação pedagógica. A educação, como a moral, tem a função de humanizar o ser humano, isto é, de realizar o bem comum do indivíduo e da coletividade. Sob esse enfoque, a educação é essencialmente ética.

A tese de que a ética aristotélica implica educação ou formação do indivíduo não significa que sua recepção deva ser aceita sem atitude crítica. Um texto escrito há tantos séculos, num período social e cultural distante e diferente do mundo contemporâneo, oferece dificuldades de entendimento. Nesse sentido, um desses problemas, conforme as atentas ponderações de Zingano, está na ideia da virtude como mediedade. De fato, após Kant, é difícil concordar que a virtude consiste, "como meio-termo entre dois vícios, um excesso e uma falta", pois tal raciocínio torna quantitativo o que é qualitativamente distinto. Zingano mostra a diferença entre "o que há de correto por ser feito" e o fato de uma ação "estar em um ponto mediano". De outro lado, Aristóteles quer mudar a tradição grega e platônica que acentua o aspecto racional da ação moral correta, introduzindo um papel destacado para as emoções no agir moral (2008: 22 e 23). Na realidade, o destaque que Aristóteles dá aos elementos emocionais não cognitivos, na ação moral, é igualmente válido para a ação pedagógica. Nesse sentido, a ética da virtude aristotélica, confrontada com a ética do dever kantiana, tem o mérito de chamar atenção para o aspecto emocional do processo educativo.

Zingano também chama a atenção para a questão da escolha deliberada e da noção de disposição. Sobre a deliberação é preciso recordar que, para Aristóteles, como visto acima, talvez a noção de meio esteja estreitamente ligada à noção de fim, portanto, os dois conceitos são faces de uma única moeda. Quanto à disposição, a questão é mais difícil, pois envolve os conceitos de determinação, de liberdade e até de vontade. Ela permite a Zingano concluir que as virtudes são centrais, derivadas e resultantes das ações, todavia sem ter procedência sobre elas. O autor afirma: "O mundo moral é perpassado por tal obscuridade que é somente com base nas virtudes do prudente que podemos reconhecer o que deve ser feito" (2008: 32). Nessa alegação da obscuridade das questões do mundo moral podemos encontrar semelhança com o mundo da aprendizagem, atualmente ainda não esclarecido por nenhuma teoria.

Em linhas gerais é possível afirmar que a ética possui estreita relação com os processos pedagógicos e todos os processos educativos são, desde sua natureza e finalidade, processos éticos. Essas afirmações óbvias, certamente, não são originais, entretanto ainda não foram examinadas com a atenção devida. Em nenhuma passagem Aristóteles diz com clareza que a sua ética possui uma função pedagógica. Entretanto, isso está implícito. Wolf, em *A Ética a Nicômaco de Aristóteles*, em diversos momentos aponta as relações entre ética e educação. Além de afirmar que a *eudaimonia* surge pelo exercício e pelo aprendizado, também afirma que "Aristóteles deveria defender a tese de que toda e qualquer *arete* ética implica uma norma moral, internalizada no caráter pela educação" (2010: 116).

A origem dos textos

1 As origens da ética em Platão

Texto inédito. Uma primeira versão foi apresentada como palestra sob o título "Conceitos e problemas básicos de ética", no *Seminário Ética na Política*, promovido pela Câmara de Vereadores de Caxias do Sul, em 4 de dezembro de 1999.

2 Sobre o conceito de virtude

Uma primeira versão foi apresentada no Congresso Problemas de Ética Teórica e Aplicada, do dia 17 a 19 de abril de 2012, na Universidade de Caxias do Sul.

3 A ideia de bem

Publicado na Revista *Conjectura* – Filosofia e Educação, vol. 17, n. 1, jan.-abr./2012, do Centro de Educação e Filosofia da Universidade de Caxias do Sul.

4 A ideia da justiça

Texto inédito. Uma primeira versão foi apresentada como palestra no *Programa de Pós-Graduação em Filosofia*, em outubro de 2011, na Universidade de Caxias do Sul.

5 A formação moral do indivíduo e do cidadão
Uma primeira versão foi apresentada sob o título "A formação ética na constituição da *polis* em Platão", no *XVIII Simpósio Interdisciplinar de Estudos Greco-romanos: Platão, cosmos, homem e cidade*, de 23 a 26 de maio de 2011, na Pontifícia Universidade Católica de São Paulo (PUC-SP).

6 Ética e aprendizagem
Publicado com o título "Ética e aprendizagem em Platão" na revista *Hypnos*, da Pontifícia Universidade Católica de São Paulo, n. 27, 2º sem. 2011, p. 246-260.

7 O mistério do mal
Primeira versão publicada com o título O mistério do mal e a educação em Platão, no livro organizado por Everaldo Cescon e Paulo C. Nodari: *O mistério do mal.* Caxias do Sul: Educs, 2006, p. 201-209.

Apêndice – A função pedagógica da ética aristotélica
Publicado na Revista *Educação*, vol. 35, n. 1 (2012), da Faculdade de Educação e do Programa de Pós-Graduação em Educação, da Pontifícia Universidade Católica do Rio Grande do Sul (PUCRS).

Referências

ALLAN, D.J. (1970). *A filosofia de Aristóteles*. Lisboa: Presença.

AQUINO, T. (2012). *As virtudes morais*. Campinas: Ecclesiae.

ARISTÓTELES (1993). *Ethtica Nicomachea*. Milão: Rusconi Libri [Precedido de texto grego – Org. por C. Mazzarelli].

ARISTÓTELES (2008). *Ethica Nicomachea I 13-III 8* – Tratado da virtude moral. São Paulo: Odysseus [Introdução, comentário e tradução de M. Zingano].

_____ (1985). *Ética a Nicômaco*. Brasília: UnB [Tradução e notas de M.G. Kury].

AUBENQUE, P. (1976). *La prudence chez Aristote*. Paris: Presses Universitares de France.

BENOIT, H. (2007). "A tardia prudência socrática no diálogo Filebo". In: BENOIT, H. (org.). *Estudos sobre o diálogo Filebo de Platão*: a procura da *eudaimonia*. Ijuí: Unijuí.

BERTI, E. (2010). *Novos estudos aristotélicos I*: epistemologia, lógica e dialética. São Paulo: Loyola.

_____ (2000). *Aristotele*. (org.). Roma/Bari: Laterza.

BRISSON, L. (2003). *Leituras de Platão*. Porto Alegre: Edipucrs [Tradução de S.M. Maciel].

CARONE, G.R. (2008). *A cosmologia de Platão e suas dimensões éticas*. São Paulo: Loyola.

CENCI, A.V. (2010). Ética geral e das profissões. Ijuí: Unijuí.

COLLI, G. (1995). *La sabiduría griega*. Milão: Trotta.

DEVEREUX, D. (2011). "A unidade das virtudes". In: BENSON, H. et al. *Platão*. Porto Alegre: Artmed.

DEWEY, J. (1971). *Experiência e educação*. São Paulo: Nacional.

GADAMER, H.-G. (2009). *A ideia do bem entre Platão e Aristóteles*. São Paulo: Martins Fontes.

GAZOLLA, R. (2009). "O cosmos de cada um: o cuidado de si – Considerações sobre o livro IX de *A república* de Platão. In: CENCI, A.V.; DALBOSCO, C.A. & MÜHK, E.H. (orgs.). *Sobre filosofia e educação*: racionalidade, diversidade e formação pedagógica. Passo Fundo: UPF.

GOMEZ-LOBO, A. (1989). *La ética de Socrates*. México: Fondo de Cultura Económica.

GUARIGLIA, O. (1997). *La ética em Aristóteles o la moral de la virtud*. Buenos Aires: Eudeba.

GUTHRIE, W.K.C. (1995). *Os sofistas*. São Paulo: Paulus.

FANTICELLI, L. (2011). *A utopia de Platão* – Uma análise da cidade imaginária em *A república*. Passo Fundo: [Edição particular].

FERRY, L. & GAUCHET, M. (2008). *Depois da religião*. Rio de Janeiro: Difel.

HEIDEGGER, M. (1988). *Ser e tempo*. Vol. V. I, II. Petrópolis: Vozes [Tradução de M.S. Cavalcanti].

HOBUS, J. (org.) (2011). *Ética das virtudes*. Florianópolis: UFSC.

IGLÉSIAS, M. (2007). "Ontologia e metrética dos prazeres". In: BENOIT, H. (org.). *Estudos sobre o diálogo Filebo de Platão*: a procura da *eudaimonia*. Ijuí: Unijuí.

IRWIN, T. (1977). *Plato's Moral Theory*. Oxford: Clarendon Press.

JAEGER, W. (s.d.). *Paideia*: a formação do homem grego. São Paulo: Herder [Tradução de A.M. Parreira].

JASPERS, K. (1963). "Platon". *Les grands philosophes*. Paris: Plon.

JEANNIÈRE, A. (1995). *Platão*. Rio de Janeiro: Zahar.

KANT, I. (1995). *Duas introduções à crítica do juízo*. São Paulo: Iluminuras [Organização de R.R. Terra].

KELSEN, H. (2000). *A ilusão da justiça*. São Paulo: Martins Fontes.

KIRK, G.S. & RAVEN, J.E. (1979). *Os filósofos pré-socráticos*. Lisboa: Fundação Calouste Gulbenkian.

KITO, H.D.F. (1972). *A tragédia grega*. Coimbra: Arménio Amado.

KRÄMER, H. (1989). *Dialettica e definizione del Bene in Platone*. Milão: Vita e Pensiero.

LÉVINAS, E. (1977). *Totalità e Infinito*. Milão: Jaca Book.

MacINTYRE, A. (1981). *After Virtue*: a Study in Moral Theory. Londres: Duckworth.

MÁYNEZ, E.G. (1988). *Teorias sobre la justicia em los diálogos de Platón*. México: Universidad Nacional Autónoma de México.

MARITAIN, J. (1964). *A filosofia moral*. Rio de Janeiro: Agir.

NUSSBAUM, M.C. (2009). *A fragilidade da bondade* – Fortuna e ética na tragédia e na filosofia grega. São Paulo: Martins Fontes.

PAPPAS, N. (1995). *A república de Platão*. Lisboa: Ed. 70.

PATOCKA, J. (1999). *Socrate*: lezioni di filosofia ântica. Santarcangelo di Romagna: Rusconi.

PAVIANI, J. (2010). *Filosofia, ética e educação*. Caxias do Sul: Educs.

_____ (2002). "O homem tirânico na república de Platão". *Hypnos*, ano 7, n. 9, p. 39-56. São Paulo.

_____ (2001). *Filosofia e método em Platão*. Porto Alegre: Edipucrs.

PERINE, M. (2009). *Estudos platônicos*: sobre o ser e o aparecer, o belo e o bem. São Paulo: Loyola.

_____ (2006). *Quatro lições sobre a* Ética *de Aristóteles*. São Paulo: Loyola.

PLATÃO (2002). *Diálogos*: *Protágoras, Górgias, Fedão*. Belém: UFPA [Tradução de C.A. Nunes].

_____ (1989). *Laques*. Lisboa: Ed. 70 [Tradução de F. Oliveira].

_____ (1986). *Diálogos: Timeu, Crítias, O Segundo Alcebíades, Hípias Menor*. Belém: UFPA [Tradução de C.A. Nunes].

_____ (1980). *A república*. Lisboa: Fundação Calouste Gulbenkian [Tradução e notas de M.H.R. Pereira].

_____ (1972). *Diálogos: O banquete, Fédon, Sofista, Político*. São Paulo: Abril.

PLATON (1950). *Oeuvres complètes*. Paris: Gallimard [Organização, tradução e notas de L. Robin e M.J. Moreau].

PLATONE (1997). *Tutti gli scritti*. Milão: Rusconi.

POPPER, K.R. (1974). *A sociedade aberta e seus inimigos*. V. I. Belo Horizonte/São Paulo: Itatiaia/USP [Tradução de M. Amado].

RAWLS, J. (2002). *Uma teoria da justiça*. São Paulo: Martins Fontes.

ROBINSON, T.M. (2007). *A psicologia de Platão*. São Paulo: Loyola [Tradução de M. Marques].

ROBLEDO, A.G. (1986). *Platón: los seis grandes temas de su filosofia*. México: Fondo de Cultura Económica/Universidad Nacional Autónoma de México.

ROMILY, J. (1984). *Fundamentos de literatura grega*. Rio de Janeiro: Zahar.

RORTY, R. (2010). *Uma ética laica*. São Paulo: Martins Fontes.

SIDGWICK, H. (2010). *História da ética*. São Paulo: Ícone.

TRABATTONI, F. (1998). *Platone*. Roma: Carocci.

VEGETTI, M. (1999). *Guida alla lettura della Republica di Platone*. Roma/Bari: Laterza.

VERGNIÈRES, S. (1995). Éthique et Politique chez Aristote: physis, êthos, nomos. Paris: PUF.

VOEGELIN, E. (2009). *Ordem e história*. Vol. III: Platão e Aristóteles. São Paulo: Loyola.

WHITE, N. (2011). "O conceito de bem em Platão". In: HUGH, H.B. (org.). *Platão*. Porto Alegre: Artmed, p. 333-347.

WOLF, U. (2010). *A Ética a Nicômaco de Aristóteles*. São Paulo: Loyola.

ZINGANO, M. (2009). *Estudos de ética antiga*. São Paulo: Paulus/Discurso.

_____ (2008). *Aristóteles, Ethica Nicomachea I 13 – III 8 – Tratado da virtude moral*. São Paulo: Odysseus.

CULTURAL
Administração
Antropologia
Biografias
Comunicação
Dinâmicas e Jogos
Ecologia e Meio Ambiente
Educação e Pedagogia
Filosofia
História
Letras e Literatura
Obras de referência
Política
Psicologia
Saúde e Nutrição
Serviço Social e Trabalho
Sociologia

CATEQUÉTICO PASTORAL
Catequese
Geral
Crisma
Primeira Eucaristia

Pastoral
Geral
Sacramental
Familiar
Social
Ensino Religioso Escolar

TEOLÓGICO ESPIRITUAL
Biografias
Devocionários
Espiritualidade e Mística
Espiritualidade Mariana
Franciscanismo
Autoconhecimento
Liturgia
Obras de referência
Sagrada Escritura e Livros Apócrifos

Teologia
Bíblica
Histórica
Prática
Sistemática

REVISTAS
Concilium
Estudos Bíblicos
Grande Sinal
REB (Revista Eclesiástica Brasileira)
SEDOC (Serviço de Documentação)

VOZES NOBILIS
Uma linha editorial especial, com importantes autores, alto valor agregado e qualidade superior.

VOZES DE BOLSO
Obras clássicas de Ciências Humanas em formato de bolso.

PRODUTOS SAZONAIS
Folhinha do Sagrado Coração de Jesus
Calendário de Mesa do Sagrado Coração de Jesus
Folhinha do Sagrado Coração de Jesus (Livro de Bolso)
Agenda do Sagrado Coração de Jesus
Almanaque Santo Antônio
Agendinha
Diário Vozes
Meditações para o dia a dia
Guia do Dizimista
Guia Litúrgico

CADASTRE-SE
www.vozes.com.br

EDITORA VOZES LTDA.
Rua Frei Luís, 100 – Centro – Cep 25689-900 – Petrópolis, RJ – Tel.: (24) 2233-9000 – Fax: (24) 2231-4676
E-mail: vendas@vozes.com.br

UNIDADES NO BRASIL: Aparecida, SP – Belo Horizonte, MG – Boa Vista, RR – Brasília, DF – Campinas, SP
Campos dos Goytacazes, RJ – Cuiabá, MT – Curitiba, PR – Florianópolis, SC – Fortaleza, CE – Goiânia, GO
Juiz de Fora, MG – Londrina, PR – Manaus, AM – Natal, RN – Petrópolis, RJ – Porto Alegre, RS – Recife, PE
Rio de Janeiro, RJ – Salvador, BA – São Luís, MA – São Paulo, SP
UNIDADE NO EXTERIOR: Lisboa – Portugal